谢公岊

纪念文集

中共永嘉县委党史研究室
永嘉县中共党史学会 编

天津出版传媒集团
天津人民出版社

U0639198

图书在版编目（ＣＩＰ）数据

胡公冕纪念文集 / 中共永嘉县委党史研究室, 永嘉县中共党史学会编. —— 天津 : 天津人民出版社, 2022.3
ISBN 978-7-201-17774-8

Ⅰ.①胡… Ⅱ.①中… ②永… Ⅲ.①胡公冕－纪念文集 Ⅳ.① K827=7

中国版本图书馆 CIP 数据核字 (2021) 第 217839 号

胡公冕纪念文集
HU GONGMIAN JINIAN WENJI

出　　版	天津人民出版社
出 版 人	刘　庆
地　　址	天津市和平区西康路 35 号康岳大厦
邮政编码	300051
邮购电话	（022）23332469
电子信箱	reader@tjrmcbs.com

责任编辑	王　玠
装帧设计	卢炀炀

印　　刷	天津新华印务有限公司
经　　销	新华书店
开　　本	710 毫米 ×1000 毫米　1/16
印　　张	11.5
插　　页	4
字　　数	200 千字
版次印次	2022 年 3 月第 1 版　2022 年 3 月第 1 次印刷
定　　价	72.00 元

版权所有　侵权必究
图书如出现印装质量问题，请致电联系调换（022 － 23332469）

胡公冕

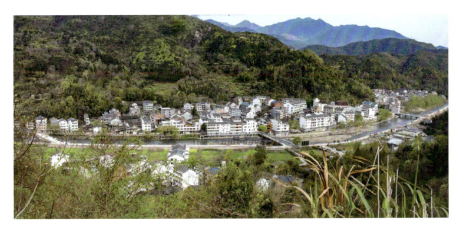

胡公冕故乡永嘉县五㴆村

永嘉县五涑村的胡公冕故居

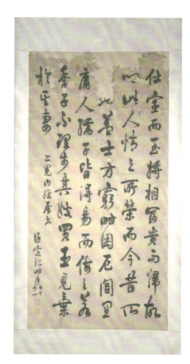

徐定超为胡公冕的题词

1937年初夏，胡公冕参加了各党派及无党派人士组织的陕北考察团。图为原红十三军军长胡公冕（左三）与从延安来迎接的叶剑英（左一）、彭德怀（左七）、任弼时（左八）、徐向前（左十）等在陕西三原合影。

抗美援朝慰问团合影（前排右二为胡公冕）

1954 年全国政协全委会组织的宪草（初稿）座谈会第十七组合影（前排左一为胡公冕）

胡公冕（前排右一）与家人合影（1957 年 8 月）

20 世纪 60 年代胡公冕单人像

胡公冕（中）夫妇与家人合影（1965 年夏）

《胡公冕纪念文集》编委会

编　审：谢向荣
主　编：李顺林
副主编：胡文华
编　委：金书贞　胡方领　杜燕秋　陈乐园

序言　一

坚守初心、践行使命的人生

——阅《胡公冕纪念文集》有感

周五一 ①

　　《胡公冕纪念文集》终于要出版了，纪念集汇集了胡公冕一生经历（尤其是 1949 年前的经历）的介绍和中国工农红军第十三军（红十三军）的一些史料。胡公冕是我父亲崇敬的师长、参加革命的引路人，是我十分敬仰的革命老前辈。我细阅书稿时，联想到长期以来从父辈口中和书籍、资料中了解到的胡老及其不平凡的一生，感奋不已。

　　习近平总书记说："中国共产党人的初心和使命，就是为中国人民谋幸福，为中华民族谋复兴。"建党初期，正是一批具有家国情怀和社会责任感的革命志士，他们以特有的爱国情怀、敏锐、激情、远见和责任，定位了中国共产党人的初心和使命，止是无数共产党人对这份初心和使命一以贯之地坚守和践行，中国才有了今天。胡公冕就是他们中的一分子，我们从他的经历中可以清楚地看到这一点。

　　胡公冕一生经历丰富，是传奇式的人物，是 20 世纪中国革命中许多重大事件的参与者、亲历者。辛亥革命时，他即参加了革命军，曾在蒋介石任团长的"模范团"任队长（相当于连长），并结识了一批后来国民党的上

---

① 周五一：1954 年生，浙江永嘉人，中共党员。中国社会科学院退休干部，曾任当代中国出版社社长兼总编辑、当代中国研究所所务委员。

层人物。蒋介石因他"恪尽职守、警惕性高"，具军人风范，并为浙江同乡，曾视其为亲信。

五四运动时，已退伍的他在浙江第一师范学校任体育教员，是该校学潮的领导人之一、教师代表，他带领师生积极参加了五四爱国运动。

中国共产党甫一成立，他即于1921年10月经沈定一、陈望道介绍，成为中国共产党建党初期的百余名党员之一。信仰共产主义是他对中国革命思考的结果，这是他革命生涯中一个新的光辉起点。1922年春，党派他赴莫斯科东方大学学习，并指派他作为中国共产党代表团的代表，参加了共产国际在莫斯科召开的远东各国共产党及民族革命团体第一次代表大会。

大革命时期是他人生的一个重要时期。第一次国共合作时，他经党同意以共产党员的身份加入了中国国民党，奉孙中山先生之命到浙江办理国民党第一次代表大会代表选举事务，并作为代表参加了国民党第一次全国代表大会。之后，他参与了黄埔军校的筹建和招生工作，历任军校卫队司令、教导团营长、团党代表、政治科大队长。在东征时，他任营党代表，率部参加讨伐军阀陈炯明的东征军。回师广州讨伐杨希闵、刘震寰时，他兼任前卫司令，身先士卒，冲锋在前，在战斗中负伤。北伐时，他任北伐军总司令部政治部宣传大队大队长、总司令部副官处处长、北伐军的团长、北伐东路军前敌总指挥部政治部主任等职，并一度负责浙江省的行政工作。"四·一二"反革命政变时，他是国民党反动派通缉的要犯。逃出敌人魔掌后，他辗转到武汉，担任国民革命军第七十七团团长。他原拟参加八一南昌起义，因该团担任后卫在武汉善后，他没能赶上起义。

大革命失败后，白色恐怖笼罩全国。在革命处于低潮时，不少人动摇、退却，甚至叛变了，党组织也转入了地下。尽管此时他在上海隐蔽，失去了党的组织关系，但他始终把自己视为党的一分子，毫不动摇、从未退却。陈立夫、陈果夫曾多次劝他给蒋介石写信，这样通缉令即可取消。他本可以借与蒋的关系，不仅能获得平安，甚至可获高位，但他对这些劝说不予理睬，还反其道而行之，与蒋介石彻底决裂，毅然回到家乡组织农民革命武装。

土地革命战争时期，是中国革命的关键时期，艰苦的斗争也成就了他人生的一个高峰。1929 年底，浙南红军游击队成立。1930 年 3 月，中共中央军委书记周恩来派他领导这支革命武装，任总指挥。1930 年 5 月，中共中央决定将浙南游击队扩编为中央军委直属序列的中国工农红军第十三军，任命他为红十三军军长。他不辱使命，领导红十三军在敌人的残酷围剿和白色恐怖中坚持斗争两年多，给敌人沉重打击，威震瓯越大地，有力地配合了中央苏区和其他根据地的斗争，并播撒下了革命的种子。红十三军全军将士英勇奋战，写下了浙南人民革命史的光辉篇章。红十三军的战斗经历为后来粟裕等率领红军挺进师入浙开展南方游击战争、创建浙南游击根据地奠定了革命基础。

1932 年 9 月，他根据党的指示在上海训练干部并策动宁、杭等地黄埔系一些军官哗变之时，由于叛徒出卖，不幸在英租界被敌人逮捕。因为他在国共合作时和大革命中的声望，以及在黄埔学生、国民党上层颇有人脉，蒋介石没有贸然杀害他。他在狱中坚贞不屈、坚持斗争，带钉的囚笼、沉重的脚镣，铁窗炼狱丝毫没能使他改变初心、放弃信仰。

1936 年，在抗日救亡运动高涨、要求释放政治犯的社会呼声日盛的形势下，他经营救获释，去了西安。西安事变时，他与周恩来重逢，马上根据党的指示，利用与胡宗南的旧部属关系先后赴甘肃固原、陕西凤翔，劝阻胡宗南部东犯，为和平解决西安事变做出了贡献，之后又为建立抗日统一战线而奔走。抗日战争爆发后，他与党保持密切的联系，根据党的抗日民族统一战线政策，积极从事抗日救国的工作。其间曾两次到访延安，受到毛主席和其他中央领导人的亲切接见。

解放战争时期，在党的领导下，他利用黄埔师生关系和旧部属关系，为党做了许多秘密情报工作和对敌策反工作，不畏艰险坚决地完成了党交给他的各项任务。他策动国民党 200 师师长、温州专员、少将叶芳率部起义，对温州和平解放起了重要作用。他不顾个人安危，对胡宗南作了策反工作，并赴西北配合解放大军做瓦解胡宗南部的工作。1947年，为了保护家乡人民的生命财产，他还凭借黄埔师生关系，策动一批温州籍国民党高级将领，联名弹劾残害浙南人民的国民党括苍区绥靖处主任吴万玉，迫使吴被调离。

新中国成立之初，周恩来总理曾就自己的工作安排征求过他的意见，此时他积劳成疾，但毫不计较个人名利得失，没有提任何要求。他从1950年起先后任政务院参事、国务院参事，虽长期抱病，但仍尽职尽责，为国家的发展和建设建言献策，贡献自己的力量，直至1979年6月30日在北京病逝。

胡公冕长期在复杂、险恶的环境中战斗，一生历受磨难和多次挫折，在历史的多个转折时期，他都有机会改变自己的人生轨迹，但他始终不忘初心和使命，无怨无悔地选择为之奋斗。他坚信，只有共产党的领导，革命才有前途，中国才有希望。他在生命的最后时刻，仍念念不忘回到党的怀抱。中央有关党组织根据他的愿望，对他的历史进行了认真审查，解决了他的党籍问题，庄严的党旗覆盖在他的骨灰盒上。国务院领导在给他作的悼词中，对他的一生作了很高的评价，说他"是党信任的好同志"。胡公冕在长达半个多世纪的各个历史时期出生入死，对党忠贞不渝，为革命事业做出重要贡献，他的一生是追求真理、光明磊落的一生，是"不忘初心，牢记使命"的写照。

《胡公冕纪念文集》的出版，不仅为研究者提供了了解胡公冕和红十三军历史的史料，从中更可以看到一位老共产党人的初心和忠心，我认为这对于普通读者而言是最为可贵的。

序言　二

胡宣华　胡文华

　　父亲胡公冕 1888 年出生在浙江永嘉五涑村的贫苦农家，1979 年去世。综观他一生的经历，算是永嘉的传奇人物。2010 年，浙南有些老同志建议我们出一本胡公冕传记，全面记述他的一生。一则我们尊重父母，一向也低调；又因我们年老体衰，精力所限，不可能收集大量资料完成一部详细传记，故拖沓没有启动。2020 年，永嘉县委党史研究室、永嘉党史学会、红十三军历史研究会也有意出一本关于胡公冕的书。所以共同决定，将有关胡公冕的一部分资料进行汇编，出一本胡公冕纪念文集。

　　"由于各种原因，在长时间内忽视了对红十三军史料的发掘、研究、整理，致使红十三军的斗争事迹在过去多年中鲜为人知，甚至产生了一些误解，或者将一些污蔑不实之词强加在她的头上……"中共十一届三中全会后，20 世纪 80 年代始，中共永嘉县委很重视对红十三军史料进行挖掘、收集、整理和研究。因此，我们要感谢中共永嘉县委的历届领导。县委党史资料征集办公室于 1981 年 8 月，分别到西楠溪的许多地方，先后访问了还健在的 53 位红十三军老战士（年龄最小的 71 岁，最大的 91 岁），抢救了红十三军宝贵的第一手历史资料。组织了五次老同志座谈会。在此基础上初步整理出《红十三军史料简介》，刊登在《永嘉县党史资料通讯》第 3 期（1983 年 3 月）上，这一期还刊登了胡公冕的《我的经历》。1985 年 4 月，永嘉县委又邀请了 136 位同志开座谈会，研讨永嘉地方党史资料，母亲彭猗兰受邀参加了《血染的丰碑——红十三军斗争纪实》编写工作会议并发言。

我们要感谢永嘉的各位党史工作者及对红十三军怀有深厚感情的老同志和乡亲们。他们克服了种种艰难，尽心尽力为更准确、完整地反映红十三军的历史全貌做了各自的贡献。金雪亮先生 1985 年 10 月主持印发了《胡公冕纪念册》，写了《胡公冕传略》。周天孝先生在 1992 年出版的《为人师表》中，写了内容更丰富的《胡公冕传略》及其他关于红十三军的文章。瞿岩龙先生和徐李送先生则是《血染的丰碑——红十三军斗争纪实》（中共党史出版社，2008 年）的两位主编。今天，永嘉的党史研究室和党史学会又联合编撰《胡公冕纪念文集》，使胡公冕的事迹较为充分客观地展现，我们作为革命后人感到十分高兴。

《胡公冕纪念文集》收录了父亲写的《我的经历》、胡公冕追悼会的悼词等有关文献、浙南游击纵队一些老同志缅怀胡公冕的文章和诗作，以及母亲彭猗兰和我们兄妹写的怀念文章。父亲一生的主要轨迹，要从 1921 年 10 月加入中国共产党说起，尤其在第一次国共合作的大革命时期，他参与创建黄埔和北伐，并与国共两党军政官员相识相交，这在此后的革命斗争中发挥了重要作用。他在土地革命时期领导了红十三军斗争和后来的多次兵运工作；在抗日战争时从事抗日民族统一战线工作；在解放战争时做情报、策反工作，为中国的解放事业做出了自己的贡献。我们在《怀念父亲胡公冕》一文中，摘引了浙江一师学生及郭沫若、文强等人对不同时期胡公冕的记述。

最后我们想说，红十三军所处的时期，异常艰难，环境险恶复杂，但军长胡公冕忠心耿耿，英勇战斗，不怕牺牲。因此，探讨问题时，若动机不同，会得出不同的结论，产生不同的影响。本书中邱清华前辈的文章，虽指出红十三军存在的一些问题，但给人以正能量。我们衷心希望本书能为弘扬红十三军革命精神，传播正能量起到积极作用。

目　录

风雨历程

风云往事

缅怀悼念

回忆纪念

参考资料

风雨历程

胡公冕同志简历 ①

  胡公冕（1888—1979 年），浙江省永嘉县岩头镇五㲃村人，早年曾参加过辛亥革命。1921 年 10 月加入中国共产党，1923 年以中共党员身份加入国民党，1924 年 1 月，以浙江代表的身份出席国民党一大；同年秋，协助谢文锦筹建中共温州独立支部，并在家乡招募青年到广东参加革命军。此后，先后任黄埔军校卫兵长、教导团营长、团党代表、政治科学生大队长，北伐军总司令部政治部宣传大队大队长、副官处处长、国民革命军七十七团团长、东路军前敌指挥部政治部主任等职。"四·一二"反革命事件后，被蒋介石通缉，失掉党的组织关系。1930 年初，受中共中央军委委派，回永嘉组织农民武装，建立浙南红军游击总指挥部，担任总指挥；5 月，任新成立的红十三军军长。1932 年 9 月，在上海被国民党反动派逮捕入狱，1936 年经营救获释后去西安。西安事变时，根据党的指示，利用与胡宗南的旧部属关系，先后赴甘肃固原、陕西凤翔，劝阻胡宗南部东犯。抗战爆发后，根据党的抗日民族统一战线政策，从事抗日救国的工作。解放战争时期，在上海利用旧部属关系为党做了许多秘密情报工作；曾参与策动温州叶芳部队起义；赴西北做瓦解胡宗南部的工作。从 1950 年起，先后任政务院参事、国务院参事，1979 年 6 月 30 日在北京病逝。1984 年 1月，经中共中央国家机关委员会批准，被追认为中国共产党党员。

---

  ① 解放军档案馆：《红十三军和浙南革命斗争》，解放军出版社，2014 年。

我的经历 ①

（1964 年 9 月）

胡公冕

一

　　我是 1888 年 1 月出生于浙江省永嘉县楠溪五�村一个贫农家庭。19 岁那年，我向人借了两块钱，瞒着父亲跑到杭州谋求生路，经过同乡介绍，我到杭州随营学校当学兵，在那里待了一年多，自己努力学习，文化有所提高。1909 年夏，父亲来杭州找我，于是又回家乡，在岩头小学当体操教员。次年，经过原杭州随营学校的排长冯炽中介绍，到浙江孝丰县一个兵营当教练。

　　1911 年春，因父亲有病，又回到家乡，先后在岩头、枫林镇当小学教员。不久到温州准备去上海参加辛亥革命军。当时正在温州为辛亥革命军招兵的冯炽中遇见了我，便叫我把兵带到宁波。到宁波之后，我就在革命军一个师教导团里当排长。当时黄郛是师长，蒋介石是教导团团长。后来教导团开到上海改编成"模范团"，我当了队长（相当于连长）。约三个月后，因为南北议和，部队解散，我离开上海。

　　1912 年春，我到杭州经沈钧儒先生（杭州体育会发起人）介绍，到杭

　　① 本文系胡公冕 1964 年写的回忆性材料。文中某些时间、地点与史实有出入，为保持原貌，未作改动。载于中国革命博物馆《党史研究资料》，1982 年总第 55 期。

州体育专门学校当教员。秋，又到浙江第一师范学校（简称"一师"）当教员，主要是教体育课。在这里工作了将近十年。

二

伟大的十月革命影响了我思想的转变，我热烈地参加了五四运动。此时，一师请了几位思想进步的教员，如陈望道、刘大白、沈仲九。当时，一师的学运在全国可算是很突出的。施存统（复亮）作了一篇《非孝》文章，北洋军阀卢永祥遂将一师校长经亨颐撤职。学生起而反抗，风潮闹得很大，警察厅长夏超派兵包围学校。我一面代表学校去交涉，一面参与指挥学生闹风潮，反抗军警。

我经过五四运动的锻炼，认识了中国军阀与帝国主义相勾结的真面目。中国要独立自主，就必须推翻军阀和帝国主义在华势力，因而我坚决要求参加革命。1921 年 10 月，在上海由沈定一、陈望道介绍我加入中国共产党。我在入党之前，没有读过共产党的书籍，更谈不到马列主义理论的认识。共产党之所以准我加入，是因为我实际参加反帝反军阀的斗争。

1922 年春，我离开一师赴苏联，同行者有汪寿华、梁柏台、华林、谢文锦、傅大庆等十余人，拟进莫斯科东方大学学习。我们由上海乘轮船到海参崴，不料到时该处已被白党占领，我们即取道中东路赴哈尔滨，经松花江到阿木尔省。我忽然患伤寒症，住医院 50 天。病愈后，经赤塔到伊尔库茨克，此时第三国际正在莫斯科召开远东民族大会，党指定我为出席代表。参加会议的除中共党员外，尚有国民党员及其他进步分子。中国总代表是张国焘，他是由北京去的。此时，中国各地去的代表都停留在伊尔库茨克，时常开会。张国焘在开会时表现出个人英雄主义，惹起代表们的不满。有一次，我在会上批评了他，颇得大家的同情。当时张国焘不知道我是党员，到莫斯科后，由瞿秋白召集党小组会议，批评我不应该在群众参加的会上随便批评同志，打击了党的代表在群众中的威信。结果，党处分了我半年无被选举权。我表示完全接受。回国后，因我在工作中表现得很好，不到半年，党撤销了对我的处分。

我赴苏联，原拟入莫斯科东方大学学习的，会毕，我请求入校学习。同志们说："回国工作要紧。"我们便决定回国。我和代表团一同到列宁格勒（今圣彼得堡）去参观，参观后由列宁格勒乘车回国，时在1923年春。

我对苏联有两个极深的印象：一、苏联各机关中的工作人员，那种忘我的精神实在令人钦佩。那时，苏联的灾荒很严重，有些地区饿死很多人。他们每一顿饭把自己吃的面包节省下五分之一或六分之一，拿去救济灾民。每个星期日还劳动生产，所得的工资，也拿去救济灾民。二、对我们外来的代表，优待备至，每到一处，不论是工作人员或广大群众，都流露出高度的国际主义精神，使人十分感动。

我回国后，仍在一师当教员。1923年9月间，邵力子、戴季陶带信约我去上海。他们要我到福建许崇智那里去改造军队，介绍我见孙中山先生，并要我加入国民党。我经党的同意后，便加入了国民党。那时，蒋介石任许崇智的参谋长。我到福建见蒋后，知道军队完全是广东系，外来的人很难参加到这个系统中去带兵的。因此，我同蒋介石说："我要回上海。"蒋问我，你想到什么地方去呢？并问我中国革命的形势。我当时说：北洋军阀在北方的反动势力是根深蒂固的，东南、西南的军阀仅是他们布出来的爪牙。我的意见，想在库伦办一个军官学校，只要把北洋军阀反动的根基铲除，东南、西南就不愁了，因人民文化程度较高，完成国民革命有事半功倍的可能。当时蒋极表同意，并说：我们革命先要有一个根据地，现在我们已经计划打广东了，等广州打下后，我们一同去吧。后来蒋回奉化，不久我就回到上海。这时，杨希闵、刘震寰已经把广州打下，中山先生已回广州组织大本营。我于1924年春去广州，蒋也到广州大本营，派我在兵站部工作。这时，我与胡汉民谈话比较多。胡认为我在兵站部工作不相宜，主张我去江浙活动，我亦同意，遂回上海转杭州。不久，邵力子来信要我回上海。我到上海后，邵告知我：蒋介石曾要我一同去苏联。蒋是孙中山先生派他做总代表的。我见蒋后，表示愿同去。这时，蒋问我："你认识张太雷吗？他要求同去，你以为怎么样？"我说："张太雷同去很好，他是一个纯洁的革命青年，会说英语、俄语，同去是很方便的。"因此，蒋就决定张同去。结果，同行只有蒋介石、王宗山、沈定一、张太雷四人。我没有去成，因我正在闹家庭纠纷。蒋同意我暂留上海。他说："后方的经济和公事的联络也需要人，你留在上海，等我到赤塔后再来电叫你去。"我在上海等了很久，不见蒋的来电，便去和邵力子商量，邵主张回广州大本营。后来，我回到广州。同去苏联的四人中，蒋、王是国民党党员，沈、张是共产党党员。在路上谈到中国革命和民族等问题时，由于立场不同，一路上争吵很厉害，尤其是沈定一当时很看不起蒋介石。蒋回国到上海时，适我奉孙中山先生之命到浙江办理国民党第一次全国代表大会选举代表事，路经上海。我与蒋见面时，他对我的态度非常坏。原因是，为了我介绍张太雷的关系。此时已决定国共合作。我由广州来上海，胡汉民、廖仲恺托我带信给戴季陶。信内说蒋介石反对国共合作，要戴劝蒋不要坚持反对。因此，我才知道蒋介石根本是一个反共分子，当时我就去报告党中央。

我在浙江办理代表选举事毕，回广州参加国民党第一次全国代表大会。

第一次代表大会之前，可说国民党已经没有了群众的组织。陈炯明等叛变的叛变，一批国会议员向北洋军阀投降的投降。即使跟着孙中山先生在广州的许多党员，形式上是革命的，实质上可说大多数是反对国共合作的。蒋介石就是一个典型的人物。还有一些是反对三民主义中的民生主义而主张二民主义的，茅祖权就是这方面的代表人物。当时，孙中山先生曾说：你们如果反对民生主义，你们的命将来一定会被人革掉的。实际上，国民党的第一次全国代表大会，中国共产党是起着核心作用的。这时，中国共产党在全国有了相当大的群众组织，工人方面，如上海、汉口等处都有了组织，尤其铁路工人和安源、水口山等处矿工的组织，力量相当大。全国思想进步的优秀青年，可说是大多受共产党的领导站在革命的战线上努力奋斗。由于国共合作，中国国民党才得到了新生。

当时，毛主席是中国共产党的中央委员，也出席国民党这次大会，当选为国民党候补中央执行委员。大会中，毛主席曾登台发言。他说：中国的版图上，一草一木都是属于中国人民的，不准任何帝国主义来侵略。他的话使很多代表为之感动。后来，他担任农民运动讲习所的所长，培养了许多农运干部。毛主席在那时就特别重视农民运动。

会后，我被派到浙江招考黄埔第一期学生。同时，西北、华北等处来的第一期学生到上海后，亦由我率领到广州。此时，党已决定我到黄埔军校工作，但蒋介石不让我带学生，只派我在管理处服务。后来，蒋要选择一个军校卫兵长，我要求担任这个工作。

黄埔军校于1924年5月开学，原来是短期6个月的训练。干部已在训练，但没有兵，因此又派我到浙江去招兵。我在浙江的行动，引起北洋军阀的注意，到处派人捉我。由于党的支持和帮助，我终于招来了两团兵，约一千人。同从湖南招来的一千多人合编为国民革命军教导一团和二团。绝大多数营、连、排长是我们的同志和黄埔一、二期进步的学生。这支部队后来成为东征和打杨、刘的主力。

1925年春，蒋介石带领两个教导团东征陈炯明。此时，廖仲恺为党代表，周恩来同志任政治部主任，学生对他是很信仰的。校中优秀的学生有不少人加入了共产党和共产主义青年团。此时，何应钦、王柏龄分任教导一、二两团团长。我为教导第二团第一营党代表。东征至兴宁，派我为第二营营长。到潮汕时，杨希闵、刘震寰在广州叛变，所以立即回师扫清刘、杨。我兼任前卫司令，在龙烟洞受伤。东征时凡是营长受伤者均提升为团长，唯我受伤不予提升，可见蒋介石对共产党员歧视之一斑。

我伤愈后，蒋介石派我到西伯利亚招募一部分华侨回国参加革命。当时，我同第三国际代表去伯力，因情况不许可，所以没有招到兵就回国了。到广州后，陈延年对我说：你可要求当团长。我见蒋时，他问我想做什么工作。我说：有团长缺，我去带兵。他听了这话，脸色马上变了，但随即缓和下来对我说：现在没有团长缺，你先去当团党代表吧。党要我去带兵，蒋介石却派我为第六团党代表。团长惠东升是最反动的。1926 年 3 月 20 日广州事变头一天下午，我看见惠东升换了便衣出去吃喜酒，忽然他又回来穿上军装一同吃晚饭，并将原来收回的子弹又发给士兵。我推测必有事故发生。饭后，我立刻到广州文明路报告党。陈延年说：他们不会对我们有什么举动。因此，我只好回团睡觉了。半夜，惠派兵将我押到第三营营部看管。天明时，营部的勤务兵说：校长（指蒋）来了。我问带了卫队没有？他说：带了。我才明白是蒋的主谋，当时，我写条子问蒋为什么把我拘禁起来。他见了条子，就把我放了，向我解释说是误会。事变后，恩来同志遂派我到上海将事变的经过向党中央报告。

我回到广州后，恩来同志提议派我到黄埔军校政治科当大队长。该大队学生有五百多名，政治水平较高，大多数是共产党员和共产主义青年团员。北伐时，即将这一大队改为北伐军总司令部总政治部宣传大队。我任大队长，同时负责北伐各军党的组织工作，沿途派该大队优秀学生到各军负责政治工作。此时蒋介石亲信的军队只有第一、第二两师，其他各军都不是他的嫡系，不听他的指挥。蒋已觉得他自己很孤立，同时，中共拥汪倒蒋的呼声很高。蒋先云（共产党员，在蒋处当机要秘书）来同我说，要我到上海向中共中央说，他始终是要和共产党合作的，否则，中国的国民革命就不会成功。并说：汪是一个书生，负不起重大的责任，意思是要我们不要拥汪。党明知道他说的是谎话，但是仍决定我到上海走一趟，敷衍他一下。此时广州拥汪倒蒋的标语都已贴出来了。我便去杭州策动夏超起义响应北伐军。我与夏约定，等南昌、九江攻下后派人与他联络。并告诉他：如果起义太早，是要失败的。那时，我不知道邓演达已派人和他联络。后来夏超因起义太早而失败了。我回武汉时，蒋已到江西，我便到江西工作。此时，邓演达接连打了几个电报要我回武汉担任武汉分校总队长。蒋把电报扣留了不使我知道。到江西后，蒋任命我为总司令部副官处处长。

此时，蒋的第一、第二两师师长是王柏龄和刘峙，攻南昌失败了。总司令部由高安向南昌前进，离南昌城不远，就到鲁涤平的司令部。蒋见鲁对他很冷淡，叫我到南昌城外视察刘峙这一师的情况。蒋在鲁处坐不住，未等我的回报就来刘峙的司令部。这时蒋感觉除非打一个胜仗，否则不能挽回他失败的命运，所以当天晚上集中一个团的干部冒险爬城，不料敌人已有准备，偷出水门，埋伏城边，待爬城队伍将近城边时，以猛烈的火力射击，爬城的干部完全牺牲了。当夜蒋回到刘峙司令部大哭了一场。第二天，加伦将军赶到，蒋如得救星，重新部署攻城计划，一星期后攻下南昌、九江，改调我为团长。我率领一个由俘虏编成的团为攻浙江的先头部队，这是在1926年11月间。一路行军，一路训练，到了浙江衢州，还未遇到敌人。此时，白崇禧任东路军前敌总指挥，何应钦任东路军总指挥。我接到蒋的电令，调我为前敌总指挥政治部主任，并说明在浙江省政府未成立之前，一切行政由我负责。杭州攻下后，白崇禧便派他的亲信潘宜之来监视我的行动。但是凡关于浙江行政人员的任用，我均与党的省委商量办理。为了派一个沪杭铁路局的局长王兆全的事，何应钦、白崇禧极力排斥我。我几至不能工作，因此电蒋请病假。

上海攻下后，蒋已派陈群为前敌总指挥部政治部主任。我到上海住惠中饭店。蒋派杨啸天找我到总司令部去，要我去约陈独秀和他谈话。此时，国民党的元老们都集中在蒋的司令部（上海枫林桥）。当时吴稚晖谈到俄国顾问如何如何不好，我听了非常生气。我趁国民党的元老们都在座，便说：国共合作于中国革命是有利的，苏联是我们最好的朋友，现在北伐尚未完全成功，不应该闹纠纷。两党如果有不同的意见，大家可以提出公开的讨论。当我第一次去找陈独秀时，便将蒋要我来的意思和国民党方面敌视我们的情形报告了陈。陈和彭述之等考虑了一下后才说：你就去说我病了。隔了两天，蒋又要我去找陈独秀，陈叫我仍以有病回答。第二次回复时，蒋的态度非常不好，就撕下脸来对我说，你下次来，不要到楼上，在下面会客厅见我好了。过了两天，又要我去约陈独秀，陈仍以有病叫我推辞。蒋当时表示，那就算了，并说：你明天把铺盖搬到司令部里来。我说，这几天身体不大好，过几天再搬进来。此时，我看一般的情况及蒋这种气愤的态度，判断可能要发生大的变故。因此，我一方面报告党中央，一面搬到南市一个医院去住了。第三天晚上就听到枪声大作，蒋介石便开始了他的"四·一二"大屠杀。过了几天，我不敢在上海住，便化装跑到杭州，看见浙江报上登的通缉名单，宣中华是第一名，我是第二名。因此，我设法由水路回上海。此时，宣中华由杭州逃上海，在新龙华被捕牺牲。

1927 年 5 月间，我到了武汉，恩来同志提议派我到张发奎那里当教导团团长。张忌我，改调我到七十七团当团长，原团长是蒋先云，已阵亡。此时，我和汪派的人接触相当多。我的判断，汪派的反共情绪不减于蒋。有一天，我特地为了此事跑到汉口向党中央报告。当时中央正在开会，散会后，他们很忙，陈独秀叫我和蔡和森谈。我便将各方所得的情况以及我的判断告诉了和森。此时，我们在武汉的军队以及中央人员已陆续向江西出发，留我这个团在武汉处理伤病人员事宜。等我接到命令开拔到九江时，八一起义部队已离开南昌前进。党派聂荣臻来江边和我联络。此时，张发奎在九江，派人要我去开会。聂荣臻说：你去一定被扣留。我们商量如何冲出张发奎的包围线，但几个营长（共产党员）认为太冒险，没有把握。最后决定，我避上庐山，部队交给参谋长（共产党员，张发奎不知道）带。

我在庐山住了几天，有人告诉我，你住在此地不妥当，张发奎要派人来捉你的。因此，我便化装到上海。不久，南昌起义的部队占领了潮汕。上海党的负责同志邓中夏叫我去潮汕。我尚未动身，起义部队在潮汕失败了。过了几天，彭猗兰也从潮汕经香港回到上海。

三

1927 年冬至 1928 年夏，革命处于低潮。上海党的活动转入地下，同志们都分散居住，隐蔽起来。我和林平海（后来在温州参加农村暴动时牺牲）等同志都住在赫德路正明里。我在毛一民家里搭伙食，后来又和毛一民等同志在静安寺路明华洗染公司楼上住了一个时期。由于敌人的袭击，党刚刚转入地下，组织一时还没有健全，不少同志（我亦如此）无事可做，生活方面靠借债典当过日子。因房租问题，我又住回正明里。在这期间，我总结过去失败的教训，认识到没有枪杆子，不但不能干革命，连生存的权利都没有。正在这个时候，家乡来人找我，谈起当地散着许多枪支，农运有一些基础，他们要我回家乡去干。我想，老这样闲在上海也不行，于是就想回去看看再作道理。1928年8月，我就和我爱人彭猗兰回到了五潲家里。但尚未过半个月，反动派得知，伪浙江省府就给永嘉县来电报，说我要在地方组织农民暴动，指令逮捕我解省。幸而伪县民政科科长陈福民（在杭州随营学校时认识的朋友）见电文后，星夜派人秘密通知我。我当夜动身绕道转回上海（我爱人和我分开走），隐蔽在租界里。这时，一面经常带信要家乡人们收集枪支，组织起来；一面让我爱人生了孩子就到南洋新加坡教书谋生。她是1929年9月出国的。当我送她上船时，陈立夫也送他朋友去英国。他曾对我说：你只要给蒋写封信，问题就解决了。我始终没有理他。类似这样的话，我在正明里闲住的时候，也有人间接和我谈过。如陈果夫托人对我说：只要写封信给蒋，通缉令就可以取消。我都没有理睬他们。1929年10月，我把孩子托付给亲戚以后，总结了上次回去的经验，就秘密经台州海门绕道回家乡楠溪潘坑谢文锦（留苏的同志）村庄，开始组织农民武装。因为过去这里农运有一定的基础，于是1929年11月在潘坑成立了浙南红军游击队，我担任总指挥。后来这支队伍发展成为红十三军。

浙南红军游击队的建立是当时革命形势发展的产物。我们家乡的贫苦农民的革命积极性是很高的，对土地的要求很迫切，对反动统治势力是非常痛恨的。有些地方群众已在搞武装活动，只要有人去组织，就会有许多人响应。事实上当我回到家乡之后，很快就组成了一支四百多人的队伍。在袭击处州（丽水城）之后，不久，部队就扩充到一千人。到红十三军成立时已近两千人了。在攻打平阳后，部队扩充到五千余人（临时跟的不计在内）。在买办资产阶级背信弃义叛变革命之后，不少地区先后有农民起义，组织红军。浙南红军游击队的建立，当然也受此影响。

浙南红军游击队初建的时候，共有三个支队，每支队有一百多人。一支队长雷高升，二支队长胡协和，三支队长谢文侯（谢文锦的兄弟），下设几个大队。部队发展很快，步枪、木壳枪、鸟枪、红缨枪、大刀等都不够分配，很多人徒手跟着。我们每到一处，就张贴布告、标语，口号是：打倒帝国主义！打倒蒋介石！打倒土豪劣绅，为老百姓除害！同时，制定了严明的纪律。

为了解决枪支、军需和扩大革命声势，于是在1930年春袭击处州，事先派了四个侦察兵暗中进行调查，订了详细周密的计划。由于天雨，部队未能按时到达指定地点，因而虽然一度攻进城去，但为时已晚，不能实现原定夺取枪支的计划。为了保存有生力量，主动撤离县城。敌人尾追，在大垟山一带经过五昼夜的战斗和行军，摆脱了敌人的包围。这次行动虽然没有完成预定计划，不过也震撼了敌人，使他们忧心忡忡，不知所措。攻处州后不久，1930年夏，党中央授予浙南红军游击队以红十三军的番号，派金贯真同志前来工作，并派了几名留苏的同志来协助，成立了军部。金贯真任政委，我任军长，陈文杰任政治部主任。下设三个大队（三个支队长提升为大队长），一个参谋处，一个政治部。此后红十三军活动地区在温、台、处三州，计：永嘉、乐清、瑞安、平阳、文成、玉环、黄岩、仙居、缙云、丽水、青田等十几个县的区域。活动中心和根据地是永嘉楠溪五㴖一带。

红十三军成立之初，部队经过整训后，打了几次胜仗，秋收后应乐清人民的请求，解决了乐清伪盐警分所。由于有群众的拥护和支持，解放了虹桥镇，缴获了警察所枪支，攻克了大芙蓉，打败了一连伪盐警。1931年冬攻打青田，经过平桥口时，遇到敌省防军拦击，红军一鼓歼灭敌人两个连，占领了青田县城，缴获了大批武器，部队扩充近三千人，声势很大，群众纷纷要求参加队伍。到达瑞安铜钱码头时，部队扩充到五千余人，这是红军最盛之时。武装虽然不很好，可是士气旺盛，战斗力很强。部队所到之处，一方面宣传共产党和红军的政策，一方面分地主豪绅的粮食浮财给贫苦的农民，因而红军在人民群众中有很高的威信。

1931年（编者注：实为1930年）春，部队整训了一下，进入平阳县境。在激战后，大部分攻进县城，占领了伪警察局和伪县政府。敌人将木壳枪队和长枪队撤到城楼上，和我军进城的部队激战，我小部分长枪队被堵在城门外，敌人组织猛烈火力向我军扫射，伤亡很大。但我军前仆后继，自晨至午与敌奋战。由于敌人居高临下，又有城楼碉堡护身，我军势难取胜，于是下令撤离县城。我军且战且退，敌人亦不敢追赶，部队绕到文成县边境，在黄坦打了几户大土豪，缴了一些枪支，就转回楠溪五䃥一带。由于人民群众的支持和帮助，敌人虽然调动了许多省防军和保安队，但始终未能消灭我们。后来反动派又带了一团人伙同枫林地主民团，趁部队不在五䃥时，在1930年4月18日，恶毒地放了一把大火，把我家乡五䃥的房屋烧掉三分之二以上，共46座，350间。但是这只能更加深群众对反动派的仇恨，对我们的支持。即便敌人内部，特别是下级士兵，不少人也同情我们，如进攻青田时，途中受了敌人的伏击，敌方士兵把弹头扭掉放空枪，使我们安然撤退。

由于部队发展得很快，因而感到干部很缺乏。1931年5月（编者注：实为1930年8月），我绕道到上海向党中央汇报情况，并请求派给干部（是和党中央一个秘书李得钊接头的）。不久党就派了六名由苏联回国的同志和我一同回楠溪。由他们充任部队参谋和教官，整训部队。为了牵制敌人对江西方面的围剿，展开"积极游击"，扩大声势，在碧莲击败了李茅十三地的反动武装，过青田打缙云，在途中消灭了驻缙云县城附近省防军某团的一个营，第二天向缙云城进发。这次计划比较周密，并佯言再攻处州，使敌人不防备，一鼓作气攻下县城，歼灭守敌两个连，缴获了大批武器和弹药，补充了自己。在缙云停留了一个多星期，进行了休整。1931年（编者注：实为1932年）8月，我军袭击瑞安之后，9月中旬，计划到温州搞兵运工作。后来我们在温州城对伪省保安团九个连的连排级以下官兵进行活动，并在敌保四团内成立了一个兵运小组，进行工作。敌保四团有一个连住在枫林也接上了关系，又派一些人到港头、溪南、岩头等地活动牵制敌人，配合温州暴动。就在这时，政委金贯真被同村人告密，在住处被反动派逮捕，壮烈牺牲（编者注：金贯真牺牲实为1930年5月）。全军闻此噩耗，誓为政委报仇，决定将暴动日期提前。事先就让一些战士将大批短枪装在炭篓里运进温州，将长枪夹在草席里背进城去，其余战士从西溪、楠溪按期赶到，决定这天傍晚攻击，不料被叛徒泄密，保四团兵运小组被破坏，不少官兵被捕，全城戒严，搜查红军。在这之前，起义指挥部获悉，立刻通知撤退，并将几麻袋短枪沉到河中（后取回），战士当晚混在人群中出城，损失不大（现任永嘉县副县长汪瑞烈同志曾参加这次起义）。我也于当晚改装出城。第二天敌出重赏搜捕我。事后党支部在五㙟开会，研究对策，并决定派我去上海向党中央请示，部队由雷高升大队长负责。

1931年12月初，我便和胡世聪同志绕道诸暨到上海，向党中央请示，见了李得钊同志。当时是"九·一八"事变之后，党中央要扩大民族革命战争运动，派了几名干部协助我，要我在上海训练一批干部，准备到温州扩大游击战争。一面趁当时南京、杭州空虚，指示我到这些地方动员军队起义，牵制敌人对各地红军的包围。当时我便一面在上海租房子训练干部，一面到南京、杭州等地做兵运工作，策动一些黄埔系的军官哗变，准备大干。特务头子戴笠得知，千方百计派人打听我。后来由于叛徒的出卖，我于1932年4月（编者注：实为9月）一个夜晚，在上海租界住所被捕（同时被捕的还有堂兄胡一山，那时他只是照顾我的生活）。我被捕后，听说大队长雷高升率领红十三军坚持了一个时期（大约近半年）的斗争，他后来回到楠溪，被反动派诱捕杀害，部队瓦解。部分同志（如胡衍真、胡衍松等）被捕入狱，红十三军活动至此告一段落。但是这一带人民，在那艰苦的岁月里，仍然坚持斗争，不久终于重新建立了浙南游击纵队，直到解放。

四

我在上海英租界住所被捕后，被带至巡捕房，关在一个四面有钉子的长桶里。第二天解我到租界法庭审讯，因为我是用租房子的名字出庭，没有承认身份，他们没有办法证实我是胡公冕。又押了一个星期，才把我引渡到中国地界伪法院。审讯后，上了重脚镣手铐，关在铁笼里，与死囚无异。过了两天的一个夜晚，他们戒备森严，用专车把我送到南京军法司，单独关在一间牢房里，门外有专人站岗。过了一个时期，又把我搬到一个西晒的房间关了一年多，不准出牢门一步。监狱看守时常来查看我的动静，但是没有审问过我。大概因为我所做的，他们早已清楚了。在南京关了两年，又解我到江西南昌伪总司令部行营的监狱中。有一段时期，我六岁的儿子胡宣华也和我住在狱中。

在南昌同狱关押的人中，多数是反蒋军人。大家有时能够见面，谈起蒋介石的为人，都是切齿痛恨的。反动当局曾将"三民主义"和蒋介石言行录拿来要我们看，但是蒋的言行大家都早已"领教"过，丢在一边没有人看它。我只是注意时局的变化，自从"九·一八"事变之后，亡国的危险严重存在着，对于这些，我心中是非常焦虑的，我和难友们遇到一起就谈论时局问题，大家都颇有感触，对于蒋介石的卖国政策是非常愤恨的，发誓要反蒋到底。此外，在狱中经常和看守斗争，要他们改善伙食，改善卫生条件等。

我在狱中时，党曾设法营救过我（后来有同志告诉我）。同时长女胡秋华也在狱外设法找人营救。此外由于红军胜利到达陕北，抗日救亡运动进一步开展，"一二·九"抗日救亡运动以及其他运动一致要求释放政治犯，争取民主权利，也是有利的一面。再就是自己在黄埔军校和在东征、北伐时期，有一些名声，那时我同国民党的上层人物和一些黄埔军校学生有来往，蒋要杀我，不能不有所顾忌。在这种情势之下，经过家庭的营救活动，得到释放。出狱后才知道是邵力子保出的。

我出狱后邵力子对我说：你不能去上海、杭州，跟我去西安（他当时是陕西省主席）。我明白这就是限制我活动。我到西安就闲住在从前一师的学生龚贤明家里（那时他是西京市建设委员会主任，现改名龙恭，在北京红十字总会当翻译）。

1936年12月12日发生西安事变，党派周恩来同志来西安处理这一问题，当时党的政策是逼蒋抗日。我和恩来同志见了面，大家都高兴极了。他要我尽快乘飞机去奉化找宋美龄、宋子文来西安谈判一致抗日、停止内战、释放蒋介石等问题。在我准备完毕打算起程那天清早，恩来同志又告诉我：蒋方已有人来潼关，不必去奉化了。于是改派我带他和杨虎城的亲笔信去找胡宗南。当时胡的军队驻在甘肃省固原县黑城镇，为了防止局势恶化，带信去阻止他的部队东犯。当时胡看毕杨虎城的信就撕得粉碎，而对恩来同志的信却很重视。经过劝阻，他的部队没有东犯。后来因为凤翔那里还有一部分他的军队，我又二次奉命到凤翔。此后又在恩来同志的指示下，在西北军和东北军中做了一些工作。我与孙蔚如、王以哲等人经常接触，交换意见（当时他们内部有些人反对释放蒋介石，东北军将领王以哲后来被反动派刺杀了。周恩来同志在这次事件中，不知费了多少唇舌，才将此事圆满解决）。又去西京招待所和新城，同关在那里的蒋方人员谈话，要他们停止内战，共同抗日。

西安事变解决后，抗日民族统一战线正式形成。当时中口矛盾成为主要矛盾，国内矛盾降到次要地位，民主活动有了较多的可能。这时我已较前自由，经常和一些熟人谈论抗日救国的道理。1937年春，在各方面要求废除一党专政、要求民主权利的压力下，国民党也不得不做出一些姿态，让国民党以外的人士参加政府工作。最初蒋鼎文曾要我当西安行营第三厅厅长，被我严词拒绝了。又任命我当甘肃平凉专员，我也坚决不去。后来我到上海去看望我爱人（我出狱后她从南洋回国，先住西安，西安事变后去上海），遇到八路军办事处主任潘汉年和另外几个同志谈起此事。他们说，平凉是交通要地，你去那里对抗日统一战线及对党的工作有利。后来潘又来我家再次要我去平凉，于是我同意了。

我当时非常渴望能去延安看看毛主席和党中央的其他同志，但是身不由己，不能去。正好1937年初夏，西安各党派组织了陕北参观团，我便利用这个机会去延安，见到了毛主席。主席接见我时，亲切地让我到他房间里谈话。在延安我参加了一些会议，看到延安军民抗日救国情绪非常高涨，给自己很大的教育和鼓舞。离开延安的时候，主席和中央领导同志都勉励我为抗日救国、抗日民族统一战线多做些工作，我都一一记在心上。

七七事变前不久，我到了平凉，向老百姓尽力宣传抗日救国事项。这时苏联经新疆、兰州，由西兰公路经平凉运送了许多军火到前方，我尽量予以协助，并派人护送出平凉境。有一部分军火和通信器材等在泾川分路运往解放区。萧克同志亦常来我处洽谈八路军伤员过境等有关事宜。同时审理豪强劣绅欺压勒索老百姓财物等案件，废除许多苛捐杂税，并且扣押了伪商会会长，处理了烟棍赌棍，打击了豪绅地痞流氓等反动封建势力。这些人和国民党上层人物有千丝万缕的联系。不久，这些人联合起来反对我，写信告状不算，还派人住在兰州告状。告到伪甘肃省政府、伪检察使署、伪高等法院。据说告我的状子很厚，也许现在从缴获的案卷中尚可以查到。甘肃省当局怕事态扩大，1938年春调我到甘肃省第一区临洮当专员，一年以后专署又迁到岷县。当时除了经常宣传抗日救国，采取适当的办法打击土豪劣绅外，曾解散了武都、文县的保安队（当地豪绅的武装）。又由于这里是多民族杂居的地区，因此本着民族间和睦相处、共同抗日的方针，调解民族间关系，曾亲自进入藏民区，打击和教育那些欺侮当地居民的首恶活佛和僧人。他们认识了错误作了保证后，才予以释放。回岷县时由藏传佛教寺庙带出来两个受他们虐待的四川小同志，他们是红军路过草地时掉队的，从毛尔盖带岷县之后，给路费让他们回家了。

到了1941年第二次反共高潮之后，国民党把它在抗日初期的一点点假民主也一扫而光。这时甘肃省政府主席换了最反动的CC系（编者注："中央俱乐部"）头子谷正伦，他非常注意我的行动，并扬言我工作不力，等等。在这种情况下，自己安全不保，更无法利用当时的地位进行有益于抗日的工作。于是我便辞去专员的职务，搬到西安。虽然环境是如此恶劣，但是自己眼看大好河山沦陷敌手，民族危亡迫在眉睫，总想做点有益于抗日的事，于是在一些黄埔军校学生中，进行全面抗日共同救国的宣传，促使他们爱国，并指出中国当时之所以变到这样的局面，完全是国民党奉行消极抗日、积极反共政策的结果。我也曾责问胡宗南为何大军封锁边区，不去抗日？他只是无理地以"延安要打出来"等鬼话来搪塞。到1943年初，胡宗南突然要我去陕北访问三个月。虽则估计到他有他的算盘，但我却想乘此机会去延安看看毛主席和中央其他同志，并向党请示如何加强抗日统一战线，打开当时的局面，促使胡宗南撤除封锁，把部队开到前方抗日。同时我想：如果同行之人由我自己挑选的话，就不会上他的当，因此我以此为去延安的条件，当时他答应了。我即选了程海寰（当过我的秘书，后因反蒋被捕牺牲）、唐治平（当过我的科员）、林壮志（原中共党员，现在上海某仓库工作）等几个可靠的熟人同去。去以前曾经几次和西安七贤庄八路军办事处的同志接头，顺便替他们带了几箱纸张、香烟等物品到延安。但临行之前，胡突然通知我，侯声和我同去（侯是反动派的副师长），并要我去太行山区走走。当时我即对他说：你既食言，我也不去了。但他说电报已经打出去了，坚持要我去。后来我和八路军办事处的同志商量，他们说：你去好了，侯声去亦无碍，你到延安时把这情况讲一讲。

到了延安，我便把上述情况报告了叶剑英和李富春同志，并谈到如何能使胡宗南拆除封锁线和加强抗日等问题。后来毛主席也接见了我，接见时，指示我可以设法去重庆直接见蒋介石，说明两党团结抗日的重要和利害关系，并让国民党大可以放心把主力开到抗日前线，延安是不会打出来的。此外毛主席又关切地问到我的家庭生活情况，我回答主席当时主要靠妻弟跑单帮维持生活。主席说：如有可能，你搬到延安来。对于主席对我的关怀，我心中是非常感激的。根据主席的指示，我和李富春、叶剑英等同志具体商谈了之后，连电报也没有打就返回西安，准备设法去重庆。胡宗南见我一个月还不到就回来了，又没有去太行山区，没有达到他的目的，非常不高兴，便不让我去重庆。在那种环境之下，特务横行，加上胡的阻挠，我的行动受到限制，是无法去重庆的，因而没有完成原订计划，更没有机会去延安了。

抗日战争后期，国民党反动派更加积极执行反共政策，发动了又一次反共高潮。胡宗南也警告我："你要小心，中统是会注意你的。"1943年秋，周恩来、邓颖超离开重庆返回延安，路过西安时曾来我家。不一会，特务密探跟踪而至，门前左右比比皆是。我和我爱人送恩来、颖超同志出门时，看见这些特务在严密监视我们（原先这些家伙就常来我门前走动）。在这之前，颖超同志告诉我：在西安车站曾遭到无理检查。我听了非常气愤，立即到东仓门胡宗南住处责问他。我说，他们乃是重庆许可经西安回延安的，为什么车站上这样无理检查他们？他解释说他不知道，答应派人到三原、耀县保护他们回延安。另外，我在西安还做了一些营救工作。抗日战争一胜利，我即离开西安到上海去了。

五

1945年日本投降后不久，我全家陆续搬到上海来。1946年7月，蒋介石背信弃义撕毁停战协定，全面发动内战。1947年，我终于同上海地下党组织吴克坚、祁式潜（化名徐大可）等同志取得了联系。当时我的主要工作是策动起义。主要对象是胡宗南，此外还策动温州专员叶芳起义，策动伪第九军军长徐志勖起义，策动上海民生轮船公司一艘轮船（船长是堂内弟彭树道，现在天津塘沽新港当引水员）驶往天津解放区。并在力所能及的范围内设法营救和掩护几个革命者，如营救上海交大被捕学生袁宝揾（地下团员，新中国成立后在成都某工厂工作，现已入党）出狱，掩护浙江之江大学两名学生脱险到解放区，并支持程海寰、金铸九等和党联系去甘肃文县一带打游击，和解放军相呼应（后来他们因搞兵运工作被反动派杀害）。

由于在大革命时期，我与国民党的各方面人士常有工作上的接触，与黄埔前期军人有师生关系。其中进行策反的对象叶芳是黄埔七期的，是温州人；徐志勖是黄埔二期的，与我不但是同乡，还略带亲戚关系。我就利用这些旧的私人关系作为台阶，进一步分析他们的切身利害和民族利益，来逐渐深入做工作，拆反动派的台。对于胡宗南亦是如此。我早在1910年在浙江孝丰县高等小学打球认识胡的，当时我在孝丰当营教练。他投考黄埔军校一期时是备取生，我曾助他一臂之力。在东征时提拔过他当教导二团二营副营长，我负伤时，他代过营长，后来保他当团长。凡此种种，是想争取他成为一个革命者。当时参加革命的人很多，鱼龙混杂，玉石难分。最初的时期，他的反动面目尚未暴露，到后来随着地位的上升，他也就愈来愈反动了。1932年春，我在红十三军时，他在上海曾要他的弟弟胡琴轩拿了我的亲笔药水信带到南京给他，要他起义。听他弟弟说，他当时犹豫了一下说：这怎么行呢。后来我经常劝他不要死心塌地跟着四大家族跑，要以民族为重，他有时连听都不耐烦听，只是到解放战争后期，眼看国民党反动派穷途末路，他才有些动摇。至于他对于我，一则过去有旧的关系，从他的生活哲学出发，表示其"义气"，因而不便轻易下毒手。另外，有时他也想利用我，如1943年春要我去延安，又如解放战争后期，他也不无动摇。我就是利用这种情况，向他进行工作和斗争的。从1948年初到新中国成立前，我曾三次去西安策动他起义，要他立功赎罪。第一次我去西安是以搬家为名的，我同他谈了许多话，并提出三个起义方案，任他选择。

方案一：西北、华北（李文驻北京）、东北（范汉杰在沈阳）同时起义，由他让我到北京、沈阳和李文、范汉杰接头。

方案二：西北连新疆陶峙岳在内起义，并把宁夏、青海马家干掉。

方案三：胡宗南本人直接指挥的西北各部起义，并提出我到延安去请党派人来他身旁，帮助他指挥各军起义和办理善后等事宜。他答应考虑。可是我第二次去西安，他又反悔。他说：我这样做，会给黄埔同学骂死。

我说：这是解人民于倒悬，是正义的行为……我又和他谈了几次话，要他当机立断。最后他说：你先回去，让我想想。当时蒋介石正在西安给胡打气，所以我便回上海了。第三次也就是最后一次去西安（是乘飞机由重庆绕道去的），这时解放军已经快要渡江了，局势紧张，当时蒋介石在黄浦江军舰上指挥，特务头子毛森在上海飞机场设下很多障碍。我一到西安就对胡宗南说：我是为了你的利害而来的，目前人民解放军快要渡江了，你现在只有起义投诚，别无他路。他说：我不能和彭德怀订城下之盟，你去北京接头，让他们派人来商谈。我疑他是缓兵之计，也就不再和他谈了，便将计就计准备脱身。我说：好吧，你给我一个证明，让我好回上海。他给了我一封催军饷的公函交汤恩伯，并说如无必要，不必拿出。我一到上海机场，就被查问，我便将文件拿出，才离开机场。我回到上海向吴克坚同志汇报了经过。他说：现在到北京只有绕道香港，时间已经来不及了，因而作罢。其中策反的细节过程，我于1949年7月来北京时，写成材料，请叶剑英同志转呈毛主席。

1948年冬，我开始策动温州师长兼专员叶芳起义，1949年5月7日温州起义成功。1948年冬，叶芳从南京回温州途经上海到我家里来，他感叹地对我说：前方战事没有打好，邱清泉已经打死了，将来实在不行，我就拉到岛上去。我对他说：你只要离开国民党起义，共产党是不会为难你的，就不用跑了。你这么一大家人，跑是不行的。后来他常到上海来，见面我劝他弃暗投明，要为人民立功。他为我的话所动，有些动摇。言语之间就不像以前那样抵触了，有时还带家眷来我家住，我们就更接近了，我说什么他都相信，可就是下不了决心。随着人民解放军的节节胜利，他越来越恐慌。我抓住他的心理，分析当时局势的发展和他的处境，最后他觉得实在无路可走，便决定起义了。我也派人帮助他做准备工作。有一次他从杭州开会回来对我说：他们要退到温州沿海一线建立据点，抵抗人民解放军。我想如果真是这样，那么沿海一带人民岂不又是遭殃，且对解放上海不利。我将这个情况报告吴克坚同志，并研究如何提前解放温州。我认为早解放站不住（因为上海尚未解放），迟了怕误事，最好在解放军渡江时发动。他同意了我的意见，就设法与温州浙南游击纵队接洽，我准备到温州指挥叶芳起义。与这同时，上海地下党拟组织一团人，并要我找几个军事干部，要我指挥，准备配合解放军进上海时巷战（我便把周伯苍、蔡渭洲介绍给党，后来接到命令上海不准破坏，所以未组织队伍。随后解放军很快就由沪西进入上海市中心区，未遇抵抗）。因此温州起义事，党另派了别人负责，我亦派人前往协助，温州就在上海解放前二十天和平解放了。

1949年，我又派周伯苍同志（现在福建省委工作）跟徐志勖到福建去策动他的部队起义。后来徐跑到台湾，一部分军队被我军解决了。派蔡渭洲同志（现在是上海海关学校教师）做搜集军事情报工作。送了几封信要宣铁吾等弃暗投明。当时上海局势很复杂，成天和反动派打交道，到处都是特务，一家老小都在虎口之中。到了上海将要解放之前，秦德君被捕，徐大可同志打电话通知我："秦德君病重，住在医院里"，我便明白了。这时全家人都离开住所，分别到亲友家和旅馆里隐蔽。当时吴克坚曾转告我说：周恩来同志来电，要我以宣侠父为例，提高警惕。对于党的关怀，自己非常感动。临近上海解放前一个多月，正是敌人垂死挣扎，作困兽之斗的时刻。我只身飞往西安工作，当时作了未必能回的准备。

上海解放后不久，吴克坚对我说："北京有电报要你去。"我便带了我的孩子胡宣华到北京。不久周恩来同志命我到西安工作，这时西安已解放，胡宗南已逃到汉中去了。他要我继续策动胡宗南起义投诚，并瓦解他所属部队。我到了西安后，在西北军区领导下进行工作，曾随贺龙、习仲勋等同志乘铁甲车沿西兰公路为解放兰州在途中做了一点工作。回西安后又继续写信，派人送到前方敌军部队，叫他们投诚。因为敌人节节败退，跑得飞快，我的信也要飞快送到。一连写了几十封信，派人联系，设法送出，工作非常紧张。为了配合人民解放军更快解放四川，我带病工作，后来神经衰弱到不能起床，最后连响声都不能听了。西北军区送我去疗养，并发电报到上海要我爱人来照顾。（这时四川已经解放了，策反工作告一段落。）

1950 年我病稍愈之后，组织上要我和我爱人回到北京。回北京后，在医院住了半年多，1950 年秋出院不久，国务院任命我为国务院参事室参事，一直至今。

胡公冕访谈录 ①

徐顺平 ②

1965 年 8 月 7 日，星期六，晴。上午 8 时到北京府右街小菜园 15 号国务院宿舍，访问红十三军军长胡公冕。眼前的他，剪平头，身材略显瘦小，朴实和蔼，甚像乡村老农，如果不是事先知道，我怎么相信他就是当年叱咤风云、威名显赫的红十三军军长胡公冕呢？他热情接待我，当我告诉他是永嘉楠溪同乡时，他显得特别高兴，感到分外亲切！他询问故乡情况，我这时在杭州浙江省教育厅工作，除了回答他关于楠溪、温州的一些情况，也向他说了杭州的一些情形。胡公冕告诉说："我去年曾回楠溪，算是了却我多年在外的思乡心愿。家乡人得知我回来，怕我年纪大走不了路，便用竹兜到沙头接我，被我当场拒绝了！我对他们说，平生坐过车船、骑过马，但从不坐兜，我还能走得动路呢！"他们听了也就不勉强了。他又说："这次回乡，一看到五溇村庄，我便回忆起离乡半个多世纪的风云岁月，眼见村中父老乡亲生活仍较艰难，不禁感慨万分！"接着他介绍了回乡后的活动情况。

——

我请胡公冕谈谈参加革命和领导红十三军的一些情况。我说：小时候

---

① 本文载于浙江省温州市政协文史委员会编《温州文史资料》（第十九辑）。

② 徐顺平，原温州医学院副教授，曾任温州医学院人文学科教研室主任，长期从事文史研究工作。

我就听大人们讲述您指挥红军转战浙南的故事，心中很是敬慕！长大后学习历史，得知大革命失败后，党中央为了挽救革命，组织全国武装起义，建立红军与革命根据地。您指挥的浙南红十三军就是当时全国红军的一支，我所住的垟下村就有徐保福、徐定金等参加。之后，浙南人民历经抗日、解放战争，在共产党领导下，英勇奋斗，解放了温州，取得革命胜利。浙南人民革命斗争的历史被贬低，浙南游击出身的干部在使用和工作中受到压抑，为此我心中愤愤不平。于是，我从1959年开始，进行调查访问，搜集革命史料，准备写浙南革命史，还其历史本来面目。我早就想访问您，但由于客观原因与条件限制，直到今天才实现愿望。现在请您谈谈离家参加革命的主要历程与红十三军的情况。

胡公冕说：听了你刚才说的话，我感到你很有正义感、很有志气，很高兴！你要我说说离家参加革命的事，其实我离家与参加革命并不是一回事。我19岁那年（清光绪三十三年，1907年）离家，是想离开五㵘穷山沟，到外面寻找生活出路。因为我知道生活在五㵘山沟里的人，世世代代贫穷受苦，无出头之日。我感到蹲不下去了，就瞒着父亲离乡出走。到了杭州之后，像我这样既没有文化又不通语言的乡下佬，有什么门路可寻呢？没奈何，只好去当兵，当了学兵。

我问：我听中学老师李仲芳先生说，您离乡去杭州找亲戚徐定超，请他给您找个工作，有这事吗？

胡公冕说：仲芳我早年认识，他说的也是事实。徐定超是我姑丈，当时他刚好在杭州，我到杭州后找到了姑母要求找个工作，姑丈说这里没有适合我的工作。他通过别人介绍我去随营学校当学兵。我到了那里，有饭吃、有衣穿、学习操练、学习文化，也感到满足了。我在那里勤奋学习文化，认真操练，进步较快。后来被我父亲知道，他找到杭州把我叫回家去了。我在学兵营只有一年多时间，但对我的人生影响极大。我原来不知天下究竟有多大，这次出去可说是见世面了。在兵营里听到许多情况和消息，感到天下确实很大。这时虽然被父亲勉强叫回家，但我从此决心不再在五鹚山沟受苦。我先是到岩头小学当了一年体育教员，后经人介绍去孝丰县兵营当教练。辛亥革命起来后，我在温州参加革命军，带一个排经宁波到了上海，我由排长升为队长。蒋介石当时任团长，开始与他认识。不久，南北议和，部队遣散，我到了杭州，姑丈通过浙江省体育会会长沈钧儒先生，介绍我到杭州专门体育学堂当教员。不久，转到浙江第一师范学校当体育教员，一教就近十年。

我问：一师有个学生叫邹彭年，又名孟时，您还记得吗？

胡公冕想了一下，说：记得，个子瘦瘦长长的，聪明活跃，一师闹学潮时很积极，好像他与谢文锦同一班，他现在哪里？

我说：他也说与谢文锦同班，现家住杭州红门局，退休后在省教育厅《浙江教育》杂志社搞事务，与我较接近。他说您教体育课时，对同学要求很严格，您对学生说："体育不仅育人体魄，更重要的要育人意志。"这话他至今深深记得。他说你在五四运动时，积极支持一师学潮，是吗？

胡公冕说：有这回事。我当时剪平头，夏天烈日下，冬天严寒中带头操练，一些怕苦的学生见我以身作则带头，便振作起精神。我认为体育课不只是操操练练锻炼身体，还要磨炼意志。我在一师任教期间，爆发了反帝反封建的五四运动，我与陈望道、沈玄庐、刘大白、夏丏尊等，对北洋军阀签订丧权辱国条约感到愤怒，支持学潮。当局派军警来包围学生，我参与学生指挥与之斗争，后来其他学校也来声援，军警见势不妙便退去了，斗争取得胜利。

二

胡公冕说：经过五四运动，我认识到要使中国独立自主，必须推翻军阀政府与帝国主义在国内的势力，于是我要求参加革命。1921年10月，由陈望道、沈定一介绍，我在上海加入了中国共产党。第二年春天，党指派我去苏联莫斯科参加远东各国共产党与民族革命团体代表大会。在苏联期间，我们参观了一些地方，受到列宁同志接见。会后不久，我便回国，到杭州继续在一师任教。

胡公冕说：1923年9月，由邵力子、戴季陶推荐介绍，我在上海谒见了孙中山先生。当时国共合作，我经组织同意，以个人身份加入国民党。中山先生派我到福建许崇智部做军队改造工作。到了那里后，见蒋介石已在许部任参谋长，我与他商量议论一下，感到许部官兵系广东籍，宗派意识严重，外人难以插进开展工作，我便告辞返回上海了。这时中山先生从上海到广州，不久我便去广州中山先生大本营，在兵站工作。奉中山先生之命，我到浙江办理国民党第一次全国代表大会代表选举事宜，事毕回广州参加国民党一大。会后，参加筹建黄埔军校，到浙江招考第一期学生。军校建立后，我任卫兵长。因学生人数不足，我再次去浙江等地招生。1925年春，东征陈炯明，蒋介石率两个团，我在教导二团二营任营长，后兼前卫司令。我在攻打龙烟洞战斗中受伤，伤愈后升任团党代表。东征结束回校，军校政治部主任周恩来提议我到军校政治科任大队长。

胡公冕说：1926年7月北伐，我任北伐军宣传大队大队长，与郭沫若、周恩寿往前线视察战场。当时情况，郭沫若在《革命春秋》自传中有所记述。北伐军打下南昌、九江后，蒋介石任我为北伐军总司令部副官处处长，未赴任，即率部一团先头进入浙江。1926年11月，我任东路军前线总指挥部政治部主任，何应钦为东路军总指挥，白崇禧为参谋长。杭州光复后，由我临时负责浙江省政务工作，我尽量将共产党员分派各县任县长，白崇禧甚为不满，与我争吵，何应钦也有意见。"四·一二"蒋介石公开反共，上海实施大屠杀，我遭通缉。1927年5月，我离上海到了武汉，被派往张发奎部任团长。八一起义前我奉命率部去南昌，但由于接到命令迟了，部队行至九江时，听说南昌起义部队已离南昌南下。党派聂荣臻来九江与我联络，这时张发奎正要抓我，我与聂荣臻商量决定，将部队交给参谋长，立即上庐山隐避，后闻张发奎欲上山抓我，我便化装下山去上海了。

三

　　胡公冕说：我隐蔽在上海，至 1928 年 8 月，潜回家乡五溂，准备组织武装暴动，不料被国民党发觉，密令捕我。幸有人暗中告诉我消息，我便连夜离开楠溪返回上海。1929 年 10 月，我受中央周恩来同志委派再次从上海秘密返回楠溪，在潘坑组建浙南红军游击队，四百余人。建立总指挥部，我任总指挥，开展游击战，曾攻入丽水城。1930 年 5 月，中央军委授予番号，浙南红军改编为中国工农红军第十三军，我任军长，金贯真任政委，陈文杰为政治部主任，刘蜇雄为参谋长。下辖三个大队，活动地区扩大到温、台、处三州十多个县。在游击战中，缴获了乐清警察所枪支，解放虹桥。1930 年冬攻打青田县城，途中遇省防军狙击，歼敌两个连，缴获大批武器，不断扩大队伍，到达瑞安时已达五千余人。1931 年春攻入平阳县城，一度占领伪县府、警察局，在敌我激战中，我军伤亡甚大，主动撤退，返回五溂。1931 年 5 月我去上海向中央汇报请示工作，中央派遣从苏联回国的几名干部支援浙南红十三军，充实了部队参谋与教官。接着，率部打败碧莲李茅十三地反动武装，解放缙云县，沿途歼灭省防军一个营并县城守敌两个连，缴获大批武器弹药。1931 年 9 月中旬，我在温州城内搞兵运工作，准备组织温州大暴动。正在此时，红十三军政委金贯真被捕牺牲，暴动计划又因叛徒告密而失败。温州全城戒严搜捕红军，并悬重赏抓我，我化装潜出温州城，回到五溂研究对策。决定我赴中央请示汇报，将队伍暂交雷高升指挥。

　　胡公冕说：1931 年 12 月我到达上海，向中央请示，中央军委李得钊同志告诉我，"九·一八"事变后，党中央决定要扩大民族革命战争运动，派了几名干部协助我，准备在上海训练一批干部，带回浙南扩大游击战争。同时又派我去南京、杭州策动黄埔系军官起义，牵制敌人对各地红军的包围。正在这时，由于叛徒出卖，我于 1932 年 4 月一个夜里在上海英租界被捕。后来我听说红十三军在雷高升率领下坚持了一个时期，被反动派诱捕杀害,部队被镇压了。

四

胡公冕说:我被押送南京关在军法司一间牢房里,不准出牢门一步,达两年之久,后移送我至江西南昌伪总司令部行营监狱继续关押。后来,随着全国抗日救亡运动的进一步高涨,要求释放政治犯,1936年2月我被释放出狱。

我问:对您释放出狱,外界有不同传闻议论,一是说您在狱中登报声明,表示出狱后不再过问政治;二是说您的亲信学生胡宗南与陈诚保释您出狱,未知真实情况如何?

胡公冕说:你说的两种传闻都是错的。我在狱中没任何登报声明,也不是胡宗南、陈诚保释我出狱的。我说过,主要是抗日救亡运动高涨,提出释放政治犯,党组织与我的亲朋也为营救我活动工作过,还有我自己在黄埔军校和东征、北伐时有一些名声,我与国民党上层人物与黄埔学生有来往,蒋介石要杀我也是有些顾虑的。当然,胡宗南在黄埔是我学生,我对他有关心照顾,他对我也有感恩,陈诚是黄埔同事,他们在蒋面前为我说些话是可能的,但保我出狱不是他们,而是邵力子,他当时任陕西省政府主席,这情况是我出狱后才知道的。

胡公冕说:因为邵力子保我出狱,我出狱后,他便告诉我并要我到西安居住,实际上要控制我自由行动。我在西安住在一师我学生龚贤明家里,他当时任西安市建设委员会主任。1936年12月12日,发生西安事变,党派周恩来同志来西安,两人久别重逢,很是高兴!恩来同志派我带他和杨虎城的亲笔信去找胡宗南,劝阻他的部队东犯。回来后,我又在恩来同志指示下,在西北军和东北军中做些思想工作,去西京招待所、新城与蒋方被押人员谈话,宣传停止内战,一致抗日。

胡公冕说:西安事变后,国共再次合作,抗日统一战线形成,我较以前自由些。由于各方面提出要求国民党废除一党专政，国民党不得不做出一些姿态，对党外知名人士作些安排，任我为甘肃平凉专员。

五

我问：外界传说胡宗南早期是您一手培养，他后来积极反共，您又在他反共军事辖内任专员，人们议论较多，未知您与胡宗南关系究竟如何？

胡公冕说：我1910年在孝丰县兵营当教练时，胡宗南当时是孝丰县高等小学高年级学生，是个农民子弟，喜欢体育、打球，因此认识。他几次来兵营看我，跟我学体操。后来他读中学，毕业后在小学当教员亦与我有联系，来一师看过我几次。1924年6月，胡宗南来广东黄埔军校找我，说自己事先不知，未能赶上黄埔军校招考，想直接进来就读，要我帮助。这时黄埔军校一期招考已经结束，马上就要开学。加上他这时年龄已28岁了，超过军校招收学生年龄为18至25岁规定。我虽然参与负责黄埔一期招生工作，但到这时我也不好随便答应，我给他说了情况，叫他先当预备生，如有人不读便让进去。他听后感到很委屈难过，在我面前流泪。我同情他，叫他揩掉眼泪，表示为他说说看，可以的话，你进来读就是了。为此我找了蒋介石，他答应了，于是胡宗南便进了军校一期。

胡公冕说：当时军校6个月短期训练即毕业。1925年初胡宗南一期毕业，由见习官升任排长。1925年春，东征讨伐陈炯明，共两个团，我任教导二团二营营长，胡宗南调入本营，以军功提升他为连长，不久又升任他为营副。后我兼任前卫司令，在战斗中负伤，我指定胡宗南代营长。他晋升之快，为黄埔一期毕业生中独一无二。胡宗南深知我对他的关心帮助，为他以后的发展打下基础，所以他对我也是记恩的。胡宗南出身贫苦，早期思想是进步的，受我影响，也是反对蒋介石的。他被蒋介石拉去反共是他当了师长以后。1937年7月我就任平凉专员，是听从党的指示而行的。先是蒋鼎文要我任西安行营第三厅厅长，被我拒绝。后来公布我为平凉专员，我亦不去。后来恩来同志知道了，通过潘汉年同志动员我去，说平凉是交通要道，对统一战线和党的工作有利，我便去了。

　　胡公冕说：我曾于 1937 年初夏，参加陕北参观团去延安，受到毛泽东主席单独接见。在他房间里，他与我进行亲切谈话，勉励我为抗日救国与统一战线多做些工作。我到平凉后，即与延安保持联系，苏联许多军火和通信器材都通过我处运往解放区。一些边区军事人员与伤员也由我处予以方便过境，结果，我的行动引起国民党反动派的注意。1941 年第二次反共高潮之后，甘肃省政府主席换为反动的 CC 系头子谷正伦，我感到自身安全不保，便辞去了专员职务。

　　胡公冕说：辞职后我居住在西安，与胡宗南有时相见，我曾责问胡宗南为什么大军封锁边区，不去抗日？胡宗南却借口"延安要打出来"来搪塞。1943 年初，胡宗南突然来找我，要我去陕北访问，我估计他有他的意图，而我却想乘机去延安看看毛主席和中央其他领导同志，听取工作指示。我怕受到同行人的监视，便特地向胡宗南提出同行之人要由我选定的条件，胡宗南答应了。我挑选了当过我秘书的程海寰（后因反蒋被捕牺牲），在我属下任过科员的唐治平、林壮志（中共党员）等人同去延安。不料临行前胡宗南突然通知我，要副师长侯声与我同行，我对胡宗南说话不算数感到生气，我说不去了。后因已与延安说好了，八路军办事处同志告诉我侯去亦无碍，结果我还是去了。到延安后我将情况告诉了叶剑英、李富春同志，谈论如何通过工作使胡宗南解除封锁线、加强抗日战线等问题。毛主席单独接见了我，希望我能去重庆向蒋介石讲述两党团结抗日的重要性与利害关系等，毛主席还非常关心我的家庭生活情况。事后我与剑英、富春同志商量拟去重庆，但后来胡宗南反对，不让我去，而未能成行。抗日战争后期，国民党更加积极反共，胡宗南警告我说："你要当心，中统在注意你。"1943 年秋，周恩来、邓颖超离开重庆返回延安，路过西安时来我家，特务密探跟踪而至。我与彭猗兰送恩来、颖超同志出门时，看见特务在严密监视我们。抗战胜利后，国内情况更趋复杂，安全不保，处境困难，我便离开西安去上海了。

胡公冕说：解放战争开始后，党指示我对胡宗南进行策反工作。其实，我早在红军十三军时期就曾策反过胡宗南。当时我在上海遇到胡宗南的弟弟胡琴轩，我叫他拿着我的亲笔信到南京策动胡宗南起义，他只犹豫了一下，而没有行动。解放战争后期，眼看国民党大势已去，我曾三次往返西安劝说胡宗南起义，他有些动摇，答应考虑，但后来他又说："我这样做，会给黄埔同学骂死"，未能下决心。最后一次是西安解放以后，胡宗南逃往汉中，这时他手下还有几十万军队，周恩来同志叫我到西安策动胡宗南投诚起义。我在西北军区领导下进行此项工作，与彭德怀及军区领导商量挑选了两个人，一个是孟丙南，他的妻子为胡宗南义女，由胡宗南主婚，关系亲密。孟原在胡部某师任参谋主任，兵败后进入解放军行列；另一个是张新，为胡宗南同乡，原为胡部旅长，深得胡喜爱。我在西安原西北军杨虎城公馆亲自找他们两人谈话，作了一些吩咐，将我给胡宗南的亲笔信交给他们，连同西北局关于争取蒋军投明弃暗的文件密封在张新的鞋底里，然后两人分头前往。当时国民党已穷途末路，当胡宗南看了我的亲笔信，并听了孟、张的谈话，思想斗争很激烈，开始动摇。但他对我方的起义政策仍怀有疑虑。正在此时，蒋介石亲临汉中，做他的工作，说第二次世界大战很快起来，形势马上改变等等。胡宗南受蒋蒙骗，最终没有起义，军队覆没，匆匆逃住台湾。总之，胡宗南这个人，对我只是感恩，讲点义气，但在关键问题上仍不真正听我，与我走的是两条路，我与胡宗南的关系就是上面这些，有些情况外界不一定很清楚，今天在这里给你说了。

六

胡公冕说：解放战争后期，在周恩来同志的关照下，我与上海社会部吴克坚同志取得联系，在上海地下党的指示下，我于1948年几次往返西安，劝说胡宗南起义，未成功（前面已述）。1948年至1949年，我劝说

200 师师长兼温州专员叶芳起义，温州和平解放。1949 年春，我派人去福建策动国民党第九军军长徐志勖起义。徐是我黄埔学生，又是同乡，他表示考虑。不久蒋介石召开福州军事会议，加紧对徐的控制与工作，最后被拉回去了。

胡公冕说：上海解放，周恩来同志即来电报叫我去北京，命我去西安配合西北军区最后一次做争取胡宗南起义工作。曾随贺龙、习仲勋同志乘铁甲车奔驰西北。由于过度紧张劳累，致使生病住进医院。直至 1950 年秋病愈回北京，即在国务院参事室任参事至今。

胡公冕说："只凭个人记忆，由于时隔久远，难免有误。"我感谢他的热情接待与谈话。胡公冕今年已 78 岁了，身体精神依然很好。其夫人彭猗兰年纪稍轻些，红光满面，精神焕发！在访谈过程中，猗兰同志一直陪伴在侧，有时还插插话。她介绍说自己是安徽芜湖人，随公冕先后去过楠溪两次，第一次是 1928 年 8 月，随公冕回乡准备组织武装暴动，因敌人追捕返回上海，不久便去新加坡教书谋生；第二次是去年随公冕回乡访问老区乡亲。最后，胡公冕特地到房里拿了一张半身照片，送给我留作纪念，我向他与夫人握手告别。

1965 年 8 月 20 日 据记录整理于杭州

后 记

1965 年 8 月，在北京访问红十三军军长胡公冕，至今忽已 38 年了。世事沧桑，万象更新。随着党史资料征集与研究工作的深入开展，胡公冕回忆谈话中许多内容已得到印证；同时也发现有些内容、时间与事实不符，应以后来组织上调查核实为准。正如胡公冕本人访谈时所说的，由于时隔久远，仅凭记忆，难免有误。但为了保持当时谈话的本来面目，对谈话记录文字不作任何删改。不管如何，胡公冕当时回忆谈话中，有不少未为人知的内容，现已非常珍贵！

当年我访问胡公冕时还是个不到三十岁的青年，如今已年纪近七十，时光匆匆，令人感慨！胡公冕同志已于1979年6月去世，今天，当我拣出这篇旧文重读，仿佛胡公冕当年的音容笑貌与谈话时的种种情景，又在眼前耳际重现。他是从永嘉山中走出来的，虽然他当时离别家乡已半个多世纪，历经时代风云变幻，但我仍能从他脸上看到楠溪乡亲朴实和蔼而又耿直坚强的风格神韵，他说话时带着浓重的乡音，这一切使我至今仍感到分外亲切！

今天，我读着这篇访谈录，似乎感到是自己对往事的呼唤，也是对胡公冕的追怀悼念！

2002年10月23日

胡公冕同志传略 ①

（1992 年）

周天孝 ②

胡公冕，原名世周，1888 年 1 月出生于永嘉五㳠村的农民家庭。他 9 岁进蒙馆读书，12 岁为富户放牛，16 岁那年，母亲在贫病中去世。贫寒的家境，不幸的遭遇，使这个农家少年困惑地思索着人生，萌发了另寻出路的思想。这种思想，反映了内受封建压迫、外遭帝国主义侵略的贫困农民不满现状的要求。正是这种要求，促使其中一批先进分子带领群众投身变革社会的斗争，尽管当时他们还不是自觉的。

在辛亥革命前后

胡公冕带了两块银元，独自离家出走杭州，经乡亲介绍，到浙江新军随营学校当学兵。进兵营后，他勤学文化和军事知识，苦练军事体操功夫，一年后被提升为班长。1909 年夏天，他离杭回乡，在溪山有名的广化小学当体操教员。在那里，他结识了数理教师郑恻尘及高小班学生谢文锦。他虽有体操特长，但文化水平低，于是，一边当体操教员，一边跟读高小课程。

1910 年，胡公冕辞去教职，经原杭州随营学校排长冯炽中介绍，到湖

---

① 选自《为人师表》，中国国际广播出版社，1992 年。

② 周天孝：中共永嘉县委党史研究室原主任。

州管带陶昌权那里当教练。部队驻扎在孝丰县（今安吉县）梅溪镇时，他常到梅溪小学去，和年轻的体育教员胡宗南一起打篮球，二人成为好友。半年后，胡公冕转到温州梅占魁统领处当教练官。

1911年春季，由于父亲病重，胡公冕回到了家乡，在广化高小当体操教员。不久，父亲和哥哥因病相继去世。他就辞去教职，到了温州，准备另谋出路。

10月，辛亥革命时，胡公冕在温州遇到正在招募革命军的冯炽中，冯便让胡公冕把已招到的新兵先带往宁波。到宁波后，胡公冕在革命军一个师教导团里当了排长，师长是黄郛，教导团团长是蒋介石。三个月后，袁世凯上台，教导团开拔到上海，改编为"模范团"。胡公冕升任队长（相当于连长）。这时蒋介石带着他住在日本人开的旅店里，常来的有戴季陶、陈果夫等。胡公冕出身农家，生性淳朴，看不惯蒋的生活方式，不久，即离团回杭，另谋职业。

几年在外地的军营生活，使这个出身于僻远山区的青年农民增长了不少知识。但辛亥革命的成果被袁世凯篡夺后，军阀、官僚鱼肉人民的严酷现实使他大失所望，他便决心从事教育工作。1912年春天，经杭州体育会发起人沈钧儒介绍，胡公冕进入杭州体育专门学校当教员。秋季，徐定超介绍他到杭州省立第一师范担任体育教员。1913年，他在家乡广化高小时的学生谢文锦也来一师读书。

1915年，我国先进的民主主义者发动了反封建的新文化运动，一师是全省新文化运动的中心。1919年，胡公冕带领师生积极参加五四运动。1920年春，在闻名全国的一师风潮中，他是很活跃的风云人物。2月，他被推举为教师代表，面见教育厅长夏敬观，要求经亨颐复任校长。3月29日，500名警察冲向操场，围捕学生。胡公冕不顾个人安危，挺身而出，严正责问：我们的学生犯了什么罪，你们这群警察这样虐待他们？学生们听了非常激动，不约而同地高呼："国家兴亡，匹夫有责！""我们情愿为新文化而牺牲，不愿在黑社会做人！"警察疯狂地追捕胡公冕，他在学生的救护下得以脱身。

在大革命时期

俄国十月革命的炮声，给中国带来了马克思主义。1921年10月，胡公冕由陈望道、沈定一介绍，加入了中国共产党。信仰共产主义，这是他对中国革命思考的结果，这是他追求真理的答案，这成为他革命生涯中的一个新的光辉起点，这是他以后58年为之奋斗的无怨无悔的选择。

这年秋冬之际，胡公冕在党组织的安排下，同梁柏台、汪寿华等一起赴苏俄学习。他们从上海乘轮船到了海参崴，不料当地已被白党占领。他们便取道中东路转赴哈尔滨，再由松花江到阿木尔省。途中，胡公冕不幸患伤寒病。住院治愈后，经赤塔到了伊尔库茨克。他被指定为中国代表团成员，参加第三国际在莫斯科召开的远东各国共产党及民族革命团体第一次代表大会。参加会议的除中共党员外，还有国民党员及其他进步分子。中国代表团总代表是张国焘。中国各地去的代表都在伊尔库茨克集合。这期间开了几次会，张国焘在开会时表现出个人英雄主义，引起代表们的不满。有一次，胡公冕在会上批评了他。到莫斯科后，瞿秋白召开党小组会议，批评胡公冕不该在群众参加的会上随便批评自己的同志，打击了党的代表在群众中的威信，决定给予半年无被选举权的处分。胡公冕表示接受。会议期间，列宁抱病接见了中国代表，表示他对中国的特别关注和殷切期望。列宁明确指出：中国现阶段的资产阶级民主革命的任务是反对帝国主义和封建势力。他勉励中国工人阶级要团结全中国人民，推动革命前进。中国共产党后来与国民党合作，就是根据列宁的这一指示精神办的。胡公冕是亲聆列宁教诲的我党早期党员之一，列宁的伟大形象和亲切教导，给他留下了深刻的印象。他赴苏联，原来打算到东方大学学习。会后，组织上要他回国工作，他就同代表们一起，参观了列宁格勒后乘火车回国。回国后，他仍在一师以教书职业为掩护，进行革命活动。

1923 年 6 月，中国共产党第三次全国代表大会通过了《关于国民运动及国民党问题的决议》，决定全体共产党员以个人名义加入国民党，以建立各民主阶级的统一战线。9 月间，胡公冕从杭州来到上海，由邵力子、戴季陶介绍，谒见孙中山先生，以个人身份加入国民党。之后他被派到福建许崇智处改造军队。一到福建，他又遇到了在许部任参谋长的蒋介石。许部完全是广东系，外来人很难插进去带兵。他同蒋介石商量，决定离开许部，相约等打下广东后，同到广州去。

胡公冕离开福州回到上海，蒋介石也离开许部回到奉化。不久，杨希闵、刘震寰打下广州，孙中山在广州组织大本营。1923 年底，蒋介石到广州大本营，胡公冕也到广州兵站部工作。为准备国民党第一次全国代表大会，胡公冕受孙中山先生委托，回浙江办理选举出席国民党一大的代表事宜。1924 年 1 月，他作为浙江省代表之一，参加了国民党第一次全国代表大会。会后参加黄埔军校筹建工作，受命招收黄埔第一期学生。于是，他秘密前往浙江招生。

1924 年 6 月，黄埔军校正式开学。胡公冕先在管理处工作，不久调任卫兵长。秋天，黄埔军校筹办教导团，以扩充革命武装。胡公冕去浙江秘密招募学员，在党组织的帮助下，招收了一千余人，其中永嘉西楠溪人就有三十多名。这些学员和从湖南招来的一千多人合编为国民革命军教导一团和二团，成为后来东征和打杨希闵、刘震寰的主力，也是以后北伐的基本队伍之一。胡公冕在家乡招收黄埔军校学员时，适逢谢文锦受中央之命回乡筹建党团组织，他协助谢文锦，为中共温州独立支部和永嘉县团支部的建立做了大量的工作。温州独立支部第一批五位成员中，胡公冕的家乡五㸐村就占了两位。胡公冕的堂妹胡识因任独立支部书记。

1925 年春天，廖仲恺任黄埔军校党代表，周恩来任政治部主任，校中不少优秀学生加入了共产党和青年团。当时广东革命政府决定东征讨伐陈炯明。东征右路军由黄埔军校校长蒋介石统领，军校政治部主任周恩来负责战时政治工作，胡公冕先任教导二团一营党代表，东征至兴宁时被调为第二营营长。胡公冕把当排长的胡宗南调到本营，不久将他提升为营附。正当东征节节胜利之时，杨希闵、刘震寰在广州叛变。东征军立即回师讨伐杨、刘。回师途中，胡公冕兼任前卫司令。在攻打龙烟洞的战斗中，在敌人的密集炮火中，他沉着镇定地指挥战斗，身先士卒，冲锋在前。当子弹打中他的右脚后，为了不影响士气，他忍着剧痛，一直坚持指挥到战斗胜利结束。他作战勇敢，指挥灵活果断，同志们亲切地称他为"我们的胡大元帅"。胡公冕负伤后，胡宗南被指定为代理营长，他是当时提升最快的黄埔一期军人，这次的提升，给胡宗南后来顺利升迁创造了条件。这样的历史关系，使胡公冕后来得以在西安事变中成功地劝阻了胡宗南在甘肃的军队按兵不动，为我党成功地完成和平解决西安事变做出了贡献。

　　胡公冕伤愈后，蒋介石派他到西伯利亚招募华侨。他同第三国际代表到了伯力，因情况不许可，没有招到兵员。回广州后，胡公冕遵照中共广东局书记陈延年的指示，向蒋介石要团长缺（凡东征受伤的营长均可提升为团长），蒋介石听胡公冕说想当团长，很不高兴（当时黄埔的左右派矛盾很尖锐），后来以没有团长缺为理由，派他当第六团党代表。这个团的团长惠东升，思想极为反动。1926年3月19日，胡公冕根据惠东升的行动和态度判断，必有什么阴谋行动，他立即向党组织汇报。陈延年说："他们不会对我们有什么举动。"当晚半夜，惠东升派人将胡公冕拘押监视起来，接着，发生了蒋介石诬陷"中山舰阴谋暴动"的严重事件。在胡公冕的强烈抗议下，蒋介石才以发生误会为借口释放了他。后来胡公冕接受周恩来的指派，到上海去向陈独秀及党中央其他领导人汇报事变的经过。返回广州后，根据周恩来的提议，他到黄埔军校政治科，任政治大队长。该大队有五百多名学生，大多数是共产党员、青年团员。这期间，胡公冕工作卓有成效。当时学生们被录取后，一个个兴高采烈地到校本部去报到，结果被分配在离校约十千米的沙河营房学习。营房是用毛竹和蒲葵搭起来的简易棚子，大家的心头不免有些疑云。胡公冕当晚便集合大家讲话。他告诉大家，新校舍正在抢建，不久就可搬进去住。这座临时营房，具有通风、透光、防潮湿等优点。我们都是来黄埔革命的，就应该生活革命化……话说得不多，将大家心头的愁云疑雨一扫而光。这年 7 月，北伐正式开始，政治大队改为北伐军总司令部政治部宣传大队，胡公冕仍任大队长。宣传大队一路向武汉前进，沿途向各处选派政治工作人员。由于归附的军队不断增多，派遣到各处去的工作人员也不断增多。胡公冕带领的一个宣传大队，所有的宣传员不久就被派遣一空。于是，胡公冕便回到了江西总司令部。

北伐开始后，拥汪反蒋的呼声甚高。蒋介石此时羽毛尚未丰满，又疑惧桂系势力，不敢公开与共产党决裂。为取得共产党的支持，蒋介石通过蒋先云，要胡公冕到上海向中共中央说明他同中共合作到底的诚意，让我党不要拥汪。胡公冕受党组织的委派，到上海向党中央汇报。在上海，陈独秀对他说："拥汪倒蒋的政策已定，不过目前你还需要去敷衍一下。"胡公冕即到江西面见蒋介石，给了蒋介石一个含糊的回答。这时，邓演达给胡公冕发电报，叫他回武汉担任武汉军校的总队长。但当时蒋介石为了对付桂系，扣下电报，他仍被留在江西。北伐军攻占南昌后，胡公冕担任总司令部副官处长。之后，由于蒋介石收编了孙传芳的降兵，11 月胡公冕被调去任团长，率团向浙江挺进。在轻取金华、衢州之后向杭州进军的途中，接到总司令部蒋介石的电报，调胡公冕任东路军前敌总指挥部政治部主任，并说明，在浙江省政府成立之前，一些行政事务出胡公冕负责。北伐军光复杭州，胡公冕负责一段时间的浙江行政事务，后因派王兆全任沪杭铁路局局长一事，与何应钦、白崇禧吵翻，遂向蒋请病假，离开了政治部。

北伐军攻占上海后，蒋介石的反革命面目日益暴露，他一方面通过胡公冕先后两次约陈独秀谈话；另一方面却在积极准备叛变革命。陈独秀两次以有病为由，未去见蒋介石，但也未重视胡公冕的意见。"四·一二"政变的前两天，蒋介石让胡公冕住进司令部。这时，胡公冕已预感到形势有变，便搬到南市的一家医院住下。两天后，蒋介石发动了"四·一二"政变。胡公冕在上海躲了几天，便化装逃到杭州。在杭州，看到 4 月 13 日的

《杭州国民新闻》登载的通缉令，被通缉的浙江革命人士中，宣中华是第一位，第二位便是胡公冕。于是，他取水路折回上海，隐蔽在租界里。

1927年5月，胡公冕辗转到达武汉，被派往张发奎的教导团当团长。张发奎对他存有戒心，改派他为七十七团团长。不久，发生了"七·一五"反革命政变。政变发生前后，我党的一些领导人以及党所掌握的一部分部队，先后离开武汉到了江西南昌，准备发动武装起义，以对抗国民党的屠杀政策。胡公冕则被留下处理武汉方面的善后工作。之后，他奉命率部向南昌进发。途中，南昌起义已经发动。船至九江，党派来接应联络的聂荣臻已在江边等候。此时，张发奎通知胡公冕上庐山开会，胡与聂荣臻商量，决定不上庐山，把部队交给参谋长，自己离开部队到上海待命。胡公冕到上海后，未及动身去广州，南昌起义的部队已经在潮汕失败。这样，他就暂时隐蔽在上海。

在土地革命时期

大革命失败后，白色恐怖笼罩全国，党的活动被迫转入地下，许多共产党员同党组织失去联系，胡公冕也失去党组织关系。从1927年秋到1928年的这一年里，他隐居上海赫德路正明里。1928年春夏之交，他的家乡有人来上海，同他谈起当地散落不少枪支，农民运动有一定的基础，希望他回家乡去搞农运。胡公冕决定到家乡去看看情况。1928年8月，他携妻子彭猗兰回到永嘉五㶶。回家不到半月，就被国民党获知，浙江省政府拍电报给永嘉县政府，命令速将胡公冕逮捕解省。此电文被县民政科科长陈福民看见。陈是胡公冕在杭州随营学校时的朋友，便星夜派人通知他，才使他得以幸免。胡公冕即绕道到达上海。他这次回永嘉虽然比较仓促，但对家乡情况已心中有数，同时和群众取得了联系，进行了革命宣传和准备。

胡公冕回到上海后，一方面继续与家乡联系，另一方面照顾彭猗兰分娩。1929 年 9 月，他送彭猗兰出国，在码头上遇到了陈立夫。陈对他讲："你只要给蒋介石写封信，问题就解决了。"以后，陈果夫也通过张千里对胡公冕说："只要写封信给蒋，通缉令就可以取消。"对于陈立夫、陈果夫的拉拢，胡公冕未予理睬。他考虑的是如何返回家乡开展武装斗争。不久，他经海门绕道回到楠溪。这时楠溪已有一定数量的武装群众，具备了武装斗争的条件。

此时，党中央任命金贯真为中央巡视员，到温州、台州巡视，了解当地的农运情况。金贯真在温、台一个多月，感到当地的农民武装急需军事人才，便向负责中央军委工作的周恩来建议，由胡公冕负责浙南军事指挥工作。中央同意了这个建议。

胡公冕回到永嘉楠溪之后，那里的革命形势又因他的到来有所发展。他领导的农民武装与当地红军游击队会合后，他将部队带到永嘉、仙居两县交界的黄皮寺。在这里，游击队实行整编。他将四百余人的红军游击队分编为 3 个支队 41 个分队，成立了浙南红军游击总指挥部，自己担任总指挥。经过整编，原来分散的农民武装有了统一领导，提高了部队的战斗力。1930 年 3 月，中共永嘉中心县委召开第三次扩大会议，决定胡公冕率红军游击队攻打处州（丽水）。此次战斗，旨在扩大红军的影响，夺取城内敌人的枪械，并与江西红军联系起来，连成一片。部队原定 19 日半夜 2 时发动进攻，但路上遇雨，攻击时间被推迟到凌晨。由于攻击时间的推迟，加上部队在攻击时协调不好，所以敌人有了准备。结果，红军游击队在丽水城里与敌人展开了巷战，战斗持续了四个多小时，后因弹药缺乏，不得不撤出战斗。部队且战且退，23 日退至青田海溪。在海溪，胡公冕召开群众大会，公开宣传红军的宗旨，当众烧毁了土地陈报单，群众无不拍手称快。由于敌人追兵已到，部队在海溪稍事停留，即撤至缙云县黄坛。在这里，红军游击队和追敌展开了一场激烈的战斗，六十余名游击队员英勇奋战，击退了配有轻重机枪的五百多敌军。之后，部队辗转回到永嘉西楠溪一带。

回到西楠溪后，部队化整为零，分散活动。4月初，金贯真向中央汇报完工作，从上海到达温州，向胡公冕等传达了中央关于建立红军、组织浙南暴动的指示，他们一起总结了前一段时间红军游击队斗争的经验。

5月3日，胡公冕在五㵘四分祠堂主持召开红军干部会议，根据中央103号通知，宣布浙南红军编为中国工农红军第十三军，军长胡公冕，政委金贯真，政治部主任陈文杰。军部设在五㵘村。西楠溪的三十多支红军游击队，整编为红十三军第一团，团长雷高升，政委金国祥，下辖三个大队，大队长分别由雷高升、胡协和、谢文侯担任。5月9日，红一团在枫林举行了成立大会。

红十三军第一团成立后，为扩大影响，执行党中央《致浙南党的指示信》的精神，并通过战斗获得给养，决定向南出击，攻打瑞安、平阳两县城。5月15日，胡公冕、雷高升率领九百多人从永嘉表山出发，在青田平桥击溃了省保安队一个连。进入瑞安县境后，又袭击了陶山区，夺取了陶山警察所的全部武器，队伍进驻陶山附近的桐田村。当晚雷高升等七人秘密潜入瑞安县城，侦察敌情，并准备作为内应。后因派回去联络的人员没有及时同部队联系上而延误了战机，胡公冕、雷高升遂决定放弃进攻瑞安县城的计划，改攻平阳县城。5月24日，胡公冕率领红军队伍，在瑞安、平阳农民武装配合下，攻入平阳县城，缴了警察局的枪支，占领了县政府，夺取了县政府大印，并且打开监狱，释放了被抓群众。但敌军警自恃有优势装备，据守城墙。激烈的巷战，从上午进行到下午3时，红军伤亡数百人，胡公冕只得忍痛下令撤退。此役虽未达到预定要求，但影响很大，苏联《消息报》报道了红军攻打平阳县城的消息。5月29日，国民党平阳县党部向省里发的《快邮代电》称："此次进攻平阳，为红军十三军总指挥部第一纵队，人数确有一千余人，共产党魁首胡公冕长期盘踞永嘉楠溪一带，于民为害，今竟公然率众进扰……"为了牵制敌人对江西中央苏区的反革命"围剿"，胡公冕和陈文杰、雷高升等领导红十三军开展"积极游击"，扩大声势。6月下旬，在永嘉碧莲击败了李茅十三地的反动武装，打青田、克缙云、夺瓯渠、攻乌岩，红了浙南半边天，并相继成立了红二团、红三团。随着红军队伍的扩大，3个团后来都扩建为师，全盛时达到6000余人。红十三军的革命风暴对国民党震动很大，使浙江省保安队和各县反动团练疲于奔命。蒋介石命令浙沪警备司令熊式辉兼任浙皖赣三省"剿匪"总指挥，"会同当地驻兵合力痛剿"。虽然红十三军没有实现同红军主力会师的计划，受挫失败，但是牵制了敌"围剿"中央苏区与闽浙赣根据地的部分兵力，对中央苏区及其他地区的武装斗争起了支持作用。

1932年8月，胡公冕奉中央军委之命，重整红十三军。他秘密潜入温州进行兵运工作，在驻温的浙保四团内成立了一个兵运小组，同时派人到楠溪联络坚持下来的红十三军战士进城配合。战士们将大批短枪装在炭篓里，将长枪夹在草席里，运进县城。不料在暴动就要发动的当天，叛徒出卖了机密，浙保四团内的兵运小组被破坏，不少官兵被捕。敌人全城戒严，搜查红军。胡公冕等机智地掩埋了枪支，避过敌人的搜查，在群众的掩护下逃出县城，离开浙南前往上海。

胡公冕到上海后，利用他同黄埔学生的师生关系，先后到南京、杭州策动一些黄埔系的军官哗变，以配合红色区域斗争。他的这些活动被特务头子戴笠获知，遂派人四处打听他的住处。由于叛徒出卖，9月29日凌晨，胡公冕在静安寺路1469号内不幸被捕。特务在住处搜出重要机密文件。逮捕他的是上海公安局黄永华、租界捕房西探长麦克司基等4人。胡公冕被捕时，让他身边的女儿胡秋华设法找人营救。受审时，他一口咬定自己姓李，名芝山，并不认识胡公冕，文件是别人放在这里的，本人并不知道。租界当局审讯多次，不能肯定其身份。10月3日，江苏高等法院第二分院审讯时，上海公安局符素存说李芝山就是浙江省政府通缉在案的胡公冕，并说"他已擢升共产党中央军事委员"，"请移提审办"。10月5日，法庭公开审判时，浙江省政府第四科科长何秉达作证说："我以前在一师读书时，这李芝山即胡公冕，是教我兵操的教员。后来他加入共产党，在温州一带闹暴动。这两宗案卷就是他暴动的事实。现在省政府通缉他，我要求移提归案审办。"胡公冕仍一口咬定自己是李芝山。审判长最后宣布："李芝山即胡公冕，准予移送上海市公安局。"上海市公安局决定由何秉达带回浙江审办。

胡公冕被捕后，女儿胡秋华请了律师宓敬身出庭辩护，她自己立即前往徐州找胡宗南，要求设法营救。胡宗南深知胡公冕案情重大，如解往浙江，则绝无生望，他立即打电话给蒋介石，蒋不在京。胡宗南亲自到南京，请侍从室黄埔一期同学宓玺，以侍从室名义急电上海警备司令部，将胡公冕押到南京。

胡公冕在南京羊皮巷监狱里关了两年后，被移送南昌，关进总司令行营监狱。在狱中，胡公冕拒绝了敌人的威逼利诱，拒不给蒋介石写信。在关押期间，夏丏尊、华挺生、胡识因等多方奔走，设法营救。1936年，胡公冕在狱中腹泻不愈，身体消瘦，渐渐不支。他的女婿赶到西安，请求邵力子保胡出狱治病。邵力子是胡公冕早期的朋友，他们一起参加共产党，又曾同在广州和黄埔军校工作，两人交谊甚笃。邵遂保胡出狱治病。胡公冕出狱后，随邵力子到西安（邵当时任陕西省主席）。住在原杭州第一师范学生龚贤明家里疗养。

在抗日战争时期

1936年12月12日，爱国将领张学良、杨虎城拘捕了正在西安督促"剿共"的蒋介石等人，发动了震惊中外的西安事变。中共中央科学地分析了时局，从抗日斗争和人民的根本利益出发，确定了和平解决的方针，并派出以周恩来为首的中共代表团赴西安参加谈判。

周恩来到西安后，胡公冕去见他，两人相见，都非常高兴。周恩来要胡公冕尽快乘飞机去奉化找宋美龄、宋子文来西安谈判。胡公冕将要启程时，蒋方已有人来潼关，于是，周恩来又改派胡公冕携带他和杨虎城的亲笔信去找胡宗南，劝阻胡不要东进。当时，胡宗南的司令部在甘肃省固原县黑城镇。胡宗南接过胡公冕交给他的两封信，当场将杨虎城的信撕得粉碎，而对周恩来的信却很重视，认真地看了又看。在胡公冕的劝说下，胡宗南的部队没有进犯。胡公冕返回西安后，又受命第二次到凤翔做胡宗南部队的工作。此后，又到西北军和东北军去做工作。胡公冕奔走于各方之间，为西安事变的和平解决作出了重要贡献。由于中国共产党的努力，抗日统一战线形成，开始了团结抗战的第二次国共合作。在民族矛盾上升为主要矛盾的情况下，为挽救垂危的中华民族，胡公冕以共产党人的良知，经常根据各地共产党领导同志的意见，为加强抗日民族统一战线，做了他力所能及的工作。

1937 年初夏，胡公冕参加了各党派及无党派人士组织的陕北考察团。考察团于 5 月 27 日自西安乘汽车出发，行经泾阳县云阳镇时，彭德怀、任弼时出来迎接，并陪同前往三原。特地从延安来迎接的叶剑英、左权、徐向前等与考察团会晤，并合影留念。考察团在延安期间，受到了毛泽东主席和其他中央领导人的接见。毛主席还约见胡公冕，鼓励他为促进抗日民族统一战线多做工作。

考察团回到西安后，蒋介石发来了要胡公冕去庐山的电报。此时周恩来正在西安，闻讯后即到西北饭店与胡公冕商谈，两人都认为蒋是想了解延安方面的情况。胡公冕做了一些准备，即赶到庐山。蒋介石接见时，突然提出要胡去当新四军军长。由于胡没有思想准备，对将介石的意图难以判断，又来不及请示周恩来，只好婉转推脱。蒋介石也没有坚持，后来他派人找到隐居澳门的叶挺出任新四军军长。

离开庐山后，胡公冕回到上海。起初，国民党军事委员会西安行营主任蒋鼎文要胡公冕去当西安行辕第三厅厅长，被胡拒绝；后又任命他为甘肃省平凉区行政督察专员。当时，上海八路军办事处主任潘汉年认为平凉是交通要地，对抗日和党的工作有利，动员胡去平凉赴任。1937 年 7 月，胡公冕到平凉就职。

胡公冕在平凉任专员前后一年左右。在此期间，他和党保持着密切的联系，与八路军肖克将军经常有书信电文来往。他保证了八路军向平凉地方富户摊派粮草；协助苏联物资从这里通过，其中一部分物资经洛川运到解放区；审理苛捐杂税，处理烟棍赌痞等等，为抗日救国做了大量工作。后来地方封建势力同中统及商会联合起来，排挤胡公冕，他们还策划事端，要对他进行审判。胡公冕感到无法再在平凉工作，于 1938 年 3 月，携夫人去兰州。4 月，为平息事端，省政府宣布胡公冕到第二专区临洮上任。胡到临洮不久，省府为了经营西南隅藏民族居住区，决定划出甘肃省西南边区，将连接藏民族住区的各县并入，设专署于岷县，任命胡为专员。胡公冕到岷县后，本着各民族和睦相处、共同抗日的方针，做了许多调解民族关系及抗日统一战线的工作。1941 年 9 月，他考虑到反共高潮后国统区的情况，无法再工作下去，遂辞去专员职务，同家属一起到了西安。

1943 年 4 月，胡公冕率代表团去陕北访问。在延安，他们受到中央领导的热烈欢迎，在杨家岭中央大礼堂召开了欢迎大会，毛泽东、林伯渠、贺龙等分别接见了胡公冕。毛泽东希望胡公冕能到重庆面见蒋介石，说明两党团结抗战的重要和利害关系，但由于胡宗南的阻挠，未能去成。

在西安期间，胡公冕和西安八路军办事处保持着联系，他营救进步青年。周恩来、邓颖超等从重庆返回延安，路经西安时，看望了胡公冕。

在解放战争时期

抗日战争胜利后，胡公冕全家迁到上海。此时，全国人民都希望得到和平，以建设国家，让人民安居乐业。但是 1946 年 7 月，蒋介石背信弃义，撕毁停战协定，发动全面内战。胡公冕坚决反对蒋介石的内战卖国政策。

当时，胡公冕时刻关心着家乡革命斗争的开展。1947 年春，括苍绥靖处主任吴万玉在永嘉西楠溪残酷“清乡”，滥捕滥杀，造成了括苍地区空前的白色恐怖。胡公冕深切关注着处在白色恐怖下的家乡人民，决定采用以

"国民党打反动派"的策略来对付这个杀人魔王。他联络了当时在沪、宁的永嘉籍国民党将领徐志勋等，安排李曙回乡掌握吴万玉"杀良冒功"的罪行，面斥吴万玉。并串联在沪、宁的二十多名温州籍高级将领，联名向南京当局国防部弹劾吴万玉，终于将这个杀人魔王赶出了永嘉。

1947年冬，胡公冕在周恩来的关照下，同社会部的吴克坚、祁式潜取得联系。上海地下党组织把胡公冕视为党的干部，派他策反敌军和搜集敌人军事情报。

解放战争期间，胡公冕主要进行的是策反工作。他曾策动上海民生轮船公司的轮船起义。为了便于策反工作，他利用黄埔师生关系，周旋在国民党中上层人物之间。他策反的主要对象是胡宗南。自1948年初到1949年新中国成立前，他多次从上海到西安，策动胡宗南起义，但由于胡宗南顽固到底而未果。策动胡宗南起义虽然没有成功，但胡公冕做了大量瓦解敌部的工作，并向党提供了不少有价值的情报。1948年冬，胡公冕又开始策动温州专员叶芳起义。这年冬季，叶芳从南京回到温州，途经上海时，到了胡公冕家里，谈话中，表现出对国民党的前途失去信心，打算携家眷逃到海岛上去。胡公冕劝他弃暗投明。最后，叶芳被他说动了心。随着形势的发展，叶芳终于下定了起义的决心，并要求胡公冕帮助他找到我党关系。1949年5月7日，叶芳起义获得成功。对温州的和平解放，胡公冕也起了重要作用。

在解放以后

上海解放不久，吴克坚通知胡公冕，北京有电报要他去。胡公冕将自己在解放战争时期的策反工作情况写成书面材料，请叶剑英转呈毛泽东主席。不久，李克农征求胡公冕的意见："周恩来同志希望你到西北去，你能不能去？"胡公冕当时身体有病，但是考虑到工作需要，就答应了。这次他到西安是继续做胡宗南的工作。12月3日，周恩来、李克农为胡公冕去西北工作，致电贺龙、李井泉："可以随军前进，以资对胡宗南部相机工作。"胡公冕接受任务后，立即赶到西安，他和彭德怀及西北军领导商量，向胡宗南部进行策反工作。他先后写了几十封信送到胡宗南所属部队，"劝其投诚"。后由于他严重的神经衰弱，无法坚持工作，西北军区便送他去疗养。这时全国已经解放。

1950年春，组织上决定让他和爱人一起到北京安排工作。他到北京后，周总理曾征求他的意见："愿做什么工作？"他表示由组织上酌情安排。1950年11月，政务院公布胡公冕为政务院参事。1954年起，任国务院参事。

胡公冕任参事室参事期间，积极参加各项工作和政治活动，曾参加慰问团赴朝鲜慰问中国人民志愿军。以后又曾多次到外地视察工作，表现了高度的政治热情。20世纪60年代以后，他的脑病更加严重，不能坚持工作，但还是积极参加政治理论学习和各项政治活动。纪念孙中山先生诞辰100周年时，他是筹备委员会委员。他对家乡一直怀着深厚的感情，解放后回乡访问，看望乡亲，看望红十三军人员，为重建家乡做了贡献。

1979年6月30日，胡公冕不幸辞世。弥留之际，他念念不忘的是能够回到党的怀抱里，并表示要把部分骨灰运回家乡，这是他一生爱党、爱国、爱家乡的赤子之心的流露。

根据胡公冕一生的表现和晚年的要求，经过党组织严肃审查，中国共产党国家机关委员会于1984年1月8日批准追认他为中国共产党党员。同年4月6日，在北京八宝山革命公墓隆重举行了胡公冕骨灰安放仪式，中央各部和邓颖超等送了花圈。1985年4月6日，根据胡公冕的遗愿，他的战友、同志、夫人彭猗兰率亲属将部分骨灰护送回家乡，安葬在温州江心屿红十三军纪念碑碑基的土地上。

胡公冕生平大事年表

1888 年

1月，出生于浙江省永嘉县楠溪五鹏村一个贫苦农家，原名世周。父胡衍火，母滕氏。大哥世翁，二哥世官。

少年时当过长工，9岁进启蒙馆读书两年，12岁为富户放牛，未正式进过学校。

1904 年 16 岁

母亲在贫病中去世。

1907 年 19 岁

离乡外出，在杭州新军随营学校当学兵。刻苦学习，文化水平有较大提高。一年后被提升为班长。

1909 年 21 岁

在永嘉广化高等小学任体操教员。一边当教员，一边跟读高小课程。结识学生谢文锦。

1910 年 22 岁

在枫林楠溪高等小学和警备营任教，后在浙江孝丰县一个兵营任教练，结识胡宗南。

1911 年 23 岁

春季，父亲病重，重回广化小学当体操教员。不久，父亲和两个哥哥相继因病去世。辞去教职。辛亥革命时去宁波，在革命军教导团当排长（团长蒋介石）。部队开拔上海改编为"模范团"，任队长（连长）。

1912 年 24 岁

部队解散后，春季到杭州，经沈钧儒介绍，在杭州体育专门学校当教员。秋季，经徐定超介绍转至浙江省立第一师范（前身是浙江两级师范学堂），任体操教员。在此工作了10年。

1919年　31岁

在一师任教，带领学生积极参加五四运动。

1920年　32岁

2月，积极参加闻名全国的"一师学潮"，被推举为教师代表，面见教育厅长，要求经亨颐校长复职。

1921年　33岁

10月，由陈望道、沈定一介绍加入中国共产党。同年，党派他赴莫斯科东方大学学习。途中生重病住院50天，未能去成。

1922年　34岁

1月，作为中国共产党代表团成员参加共产国际在莫斯科召开的远东各国共产党及民族革命团体第一次代表大会。

秋，从苏联回国，仍回一师任教。

参加杭州第一个党支部活动。

1923年　35岁

9月，经邵力子、戴季陶介绍，见孙中山先生，以中共党员身份加入中国国民党。

奉孙中山之命到浙江办理国民党第一次全国代表大会代表选举。

1924年　36岁

1月20日—30日，参加中国国民党第一次全国代表大会。

会后参加黄埔军校筹建工作。受命赴浙江招收第一期学生和教导团士兵。协助谢文锦筹建温州独立支部。

6月27日，任军校管理部卫兵长。

秋季，黄埔军校筹办教导团，他去浙江秘密招募学员。

11月20日，军校教导团正式成立。

12月26日，教导团第二团成立。

1925 年　37 岁

2 月 1 日，参加第一次东征讨伐盘踞东江的陈炯明，先后任教导二团一营党代表、二营营长。

6 月，回师平定刘震寰、杨希闵叛乱，任前卫司令。

6 月 10 日，在龙烟洞战斗中负伤。

在黄埔军校参加组建"青年军人联合会"。

任国民革命军第六团党代表。

1926 年　38 岁

3 月 8 日，军校第四期学生开学。

3 月 20 日，发生"中山舰事件"，被惠东升扣押。释放后，根据周恩来提议去军校政治科，被委任为第四期学生政治大队长。

7 月 9 日，国民革命军誓师北伐典礼举行。任北伐军总司令部政治部（主任邓演达、郭沫若）宣传大队长。

9 月，参加进攻武汉的行动。

10 月，宣传大队宣传队员全部被派遣后，调往江西总司令部，任总司令部副官处处长。

11 月，调任北伐军团长（该团主要由孙传芳部降兵组成），作为进攻浙江的先头部队，一路行军，一路训练。

1927 年　39 岁

1 月，任北伐东路军前敌总指挥部政治部主任（白崇禧任北伐东路军前敌总指挥）。

2 月，北伐军进入杭州后，暂时负责浙江行政工作。受何应钦、白崇禧排挤。

3 月，辞职后到总司令部，北伐军进入上海。

4 月，蒋介石发动反革命政变，被国民党反动派作为"要犯"通缉。

5 月，辗转到武汉，任革命军七十七团团长（原团长蒋先云已阵亡）。

7 月 15 日，汪精卫公开宣布与共产党决裂。处理善后事宜后率领部队到九江，聂荣臻来联络，未赶上"南昌起义"。遭张发奎追捕，回到上海隐蔽。

1928 年　40 岁

大革命失败后，上海党组织转入地下。失掉党的组织关系。

与彭猗兰结婚（彭参加"南昌起义"，部队在潮汕失败后，经香港转回上海）。家乡有人来上海，要他回乡领导农运。

9月，与彭猗兰秘密回永嘉进行革命活动，半月后，获知国民党逮捕消息，回到上海。与家乡继续保持联系。

1929 年　41 岁

6月，长子胡宣华出生。

冬，去浙南组织游击队。

1930 年　42 岁

年初，受中共中央军委书记周恩来派遣，从上海回家乡领导浙南红军游击队。

3月7日，在仙居黄皮村（后划归永嘉县）宣布浙南红军游击总指挥部成立，任总指挥。

3月19日，率领四五百人攻入处州（今丽水）。苏联《真理报》、中共中央《红旗日报》作了报道。

5月3日，在五㟥召开干部会议，根据中央103号通知，浙南红军游击队扩编为中国工农红军第十三军，任军长（政委金贯真、政治部主任陈文杰）。

5月9日，率部攻占永嘉枫林镇，宣布红十三军军部和第一团成立。（7月，红二团、红三团相继成立。）

5月16日，伪省保安团和枫林民团千余人，乘红十三军主力远征瑞安、平阳之时，到五㟥抓人并烧毁全村三分之二房屋（350余间）。

5月24日，率红一团攻打平阳县城。苏联《真理报》、上海《上海报》作了报道。

6月底，赴上海向中共中央军委汇报、等候指示，要求派干部加强红十三军。

8月，与中央军委派出的5位留苏干部回红十三军，开始组建教导队、培训骨干。

8月31日，红一团攻打缙云县城。

9月23日，攻占黄岩乌岩镇。

9月下旬起，国民党调集万余人向浙南红军发起大规模"清剿"。

10月初，在五潲龙溪召开干部会，根据敌我力量悬殊情况，决定改变大规模攻打中心城镇战略，化整为零、分散行动、保存实力、伺机再起。

11月，赴上海向中共中央军委请示、汇报。

1931年 43岁

在永嘉、温州、南京、杭州一带搞兵运工作。领导红十三军余部与敌斗争。

9月，带领刘蜇雄、杨波等回永嘉，秘密进入温州组织兵变，失败后回到上海。

1932年 44岁

6月，带林永福等人到海门进行兵运活动。

7月，带几个青年干部回岩头进行兵运，未成功。

8月，到温州进行兵运策反工作，成立兵运指挥部，计划23日发动伪保安团的9个连兵变。因叛徒出卖而失败。秘密回到上海。

9月29日，在上海静安寺租房内被捕，多次审讯均不承认是胡公冕，一口咬定自己是李芝山。

10月，押至南京，在羊皮巷监狱关了两年，转至南昌总司令行营监狱关押。后来，儿子胡宣华陪同。在狱中拒绝给蒋介石写信。

1936年 48岁

入狱后，经多方营救未果。后因腹泻不愈，由邵力子（时任国民党陕西省政府主席）保释出狱在西安治病。

12月，"西安事变"后，根据党的指示，利用与国民党高级军政人员的关系，劝阻胡宗南部不要东犯，并到东北军、西北军做工作，为西安事变和平解决出了力。

1937年　49岁

上半年往来于西安、南京、上海，为国共合作抗日进行工作。

5月，随西安各界组织的陕北参观团到延安。受到毛泽东主席等中央领导接见。与彭德怀、叶剑英、徐向前等在陕西三原见面并合影。

7月，国共两党代表在庐山谈判，开始第二次国共合作。经潘汉年授意，赴甘肃平凉、岷县担任国民党统治区的行政督察专员，利用合法身份支援边区抗日工作，与党保持联系。

1941年　53岁

第二次反共高潮，辞去专员职务到西安，从事抗日民族统一战线工作，与党保持联系。

1943年　55岁

4月，再次去延安，受到毛泽东主席和林伯渠、贺龙等接见。

7月，周恩来回延安，在西安停留5天，与周恩来相见。

1946年　58岁

全家从西安迁至上海。继续做党的统一战线工作。

1947年　59岁

以黄埔师生关系，联络沪、宁温州籍国民党将领，通过斗争，赶走大搞白色恐怖的国民党浙南括苍绥靖主任吴万玉，营救被捕人员。

在周恩来关照下，与中共上海社会部负责人吴克坚取得联系，利用黄埔师生关系，做情报、策反工作。

1948年　60岁

3月、6月，去西安做策反胡宗南工作。

9月，温州专员叶芳来上海，住胡公冕家中，找政治出路。向社会部汇报叶的情况，接收指示同叶单线联系。

12月，叶芳又来上海，继续做其工作，策动其起义，并派卓力文（红十三军烈属子弟）为其联络员。

1949 年　61 岁

3月，叶芳来上海住家中，要求尽快起义。

4月，冒生命危险去西安继续做策反胡宗南工作，未成功。

5月，叶芳率部起义，温州和平解放。

上海解放后，根据周恩来指示去西北军区，协助做瓦解胡宗南部队工作。

将策反胡宗南情况的报告，请叶剑英转呈毛主席。

1950 年　62 岁

因病回北京住协和医院。

11月，任政务院参事。

1951 年　63 岁

关于处理红十三军善后事宜，给中央写报告。

参加抗美援朝慰问团，去前线慰问中国人民志愿军和朝鲜人民军。

1954 年　66 岁

5月，参加全国政协全委会组织的《中华人民共和国宪法》（草案初稿）座谈会。

12月，任国务院参事。

1957 年　69 岁

6月，给周恩来总理写信，请中央指派专人去浙江温州，调查处理红十三军死难官兵家属的抚恤，以及慰问浙南游击纵队老根据地等问题。

1964 年　76 岁

4月，回温州参观、访问、探视，胡国洲接待、陪同。

9月，在国务院参事室领导支持下，写了申请恢复党籍的自传式材料。

1966 年　78 岁

纪念孙中山先生诞辰100周年，担任筹备委员会委员。

"文化大革命"期间，长期卧床不起，很少参加活动。

1979 年　91 岁

6 月 30 日，在北京国务院宿舍病逝。夫人彭猗兰随侍在侧。子女 9
人，除秋华、和华已故，宣华、文华、振华、健华、定华、静华、清华分
别在文教、艺术、医务等部门工作。

1984 年

1 月，中共中央国家机关委员会批准，追认胡公冕为中国共产党党员。

4 月 6 日，在北京八宝山革命公墓礼堂，举行了隆重的骨灰安放仪式。

1985 年

4 月，部分骨灰安放在温州江心寺烈士陵园。

风云往事

《血染的丰碑——红十三军斗争纪实》①（摘录）

一、永嘉霞渡潭暴动②

"四·一二"政变后，胡公冕被敌人追捕。1928 年 9 月，胡公冕同夫人彭猗兰秘密回到故乡五㙟。

五㙟地处永嘉楠溪江中游，在群山环抱之中，东靠苍山尖，西邻金紫尖，五㙟溪横穿村中央，溪水流入楠溪江，经瓯江流入东海。进入五㙟村，须经东西两座小山，名曰"和尚山""黄山背"，横穿一条小道，形成了山涧小盆地，是开展游击活动的理想据点。胡公冕在群众的帮助下，隐居在龙溪的山涧里。在这里搭起了几座茅草屋，白天种山，夜里向农民进行宣传教育。一天夜里，聚集在茅屋里的胡协和、胡振盛等一群贫苦农民，听胡公冕讲述俄国十月革命工农劳动群众推翻沙皇，建立起无产阶级政权，过着自由幸福的生活。胡公冕说："世界各国革命的发展都会走俄国人民的道路，中国也一样，迟早一定实现世界大同！"特别是听到中国革命胜利，农民能分到土地，不受地主阶级剥削，人民生

---

① 中共党史出版社，2008 年。

② 选自第一章第一节第八目。

活一定走向富裕，激起了他们要求摆脱贫困、反抗压迫的愿望。就这样，逐渐播下了革命的火种。胡公冕有时离开茅屋，秘密外出到岩头、下宅、南龙等地进行革命活动。他想组织一支农民武装，好做长期革命的打算。不久，他的活动引起了敌人的注意。幸好国民党永嘉县政府民政科长陈福民（杭州随营学校胡的朋友）告诉要逮捕他的信息，他和夫人在群众的掩护下，化装成商人，回到上海。在胡公冕的教育熏陶下，1929年3月，五潨的胡协和、胡振盛、胡衍真、胡黄金等二十多人，组织起农民武装。

1929年9月14日凌晨，各地暴动农民，先后到了枫林，共一百五十多人。胡协和统领大家作了严密的部署，商定胡协和攻打八房祠堂前门。战斗未开始前，三名内应从内部捣通墙洞，运出12支步枪。第二次拿枪时，被敌发觉，当场牺牲一人。双方展开了激烈的战斗，敌人利用围墙固守还击，负隅顽抗，激战几小时，打死敌军两人。天亮时，胡协和率领队伍主动撤退。

夜袭枫林八房祠堂，缴获许多枪支弹药，震动整个西楠溪。国民堂永嘉当局立即派兵"追剿"。胡协和带领队伍撤回岩坦的双尖宫后，敌人追赶到双尖宫。农民武装与敌交锋了半天，双方无伤亡。敌兵放火烧了双尖宫十多间禅房。胡协和的队伍撤退到表山的胡坑，敌兵紧追到胡坑，又发生一次战斗。敌兵又放火烧了老百姓的民房三座。胡协和等人商议，为了避免敌人尾随"追剿"，即兜了一圈，转移到相距一百多里的黄南乡的黄山村，甩掉了敌军的"追剿"。

当农民队伍驻扎在黄山之后，五潨的胡衍真建议："现在是一不做，二不休，我们把红旗竖起来，打着胡公冕名义招兵，扩大武装队伍，与敌人斗争到底。"大家议论后，都赞成胡衍真的好主意。这时，胡协和提议将西楠溪各支队伍联合起来。1929年10月下旬，各支队伍集中在永、仙边境的黄山地方。仙居朱福真等也前来汇合，农民武装迅速扩大到三百多人，有火枪两百多支，步枪六十多支。这是一支有较强战斗力的农民革命武装，活跃在永、黄、仙边区，至1930年3月9日编入浙南红军总指挥部。

二、浙南红军游击总指挥部的成立 ①

1929年11月，浙南红军游击队和浙南临时革命委员会在永嘉溪下成立以后，浙南地区革命斗争形势一片大好。中共中央对浙南地区农民武装斗争极为重视。1930年1月，派金贯真巡视温州、台州。2月初，金贯真在瑞安肇平垟主持召开中共永嘉中心县委第二次扩大会议。会议认为："温州劳苦群众，不能再忍受豪绅地主、资本家、国民党的剥削和压迫，以及灾荒带来的痛苦，斗争情绪一天比一天高涨。因此，目前党最迫切的任务是勇敢地领导和发动斗争，组织武装暴动，以达到永嘉、瑞安、平阳三县的总暴动。"会议决定：各地立即组织赤色农协、农民自卫军、盐民纠察队赤色工会、工人纠察队，实行党员军事化，进行游击战争训练。会议议定永嘉西楠溪、瑞安西区（今属文成县）、平阳江南（今苍南县）为游击战争中心区域，以中心区域的斗争来援助和推动各县的暴动。会议还决定，由王国桢、李振声、雷高升三人负责到永嘉西楠溪、平阳江南一带组建红军。会后，金贯真在县委举办的干部训练班上为学员辅导。2月3日，王国桢等到达永嘉溪下，从事红军组织发动工作。2月28日，金贯真向中共中央写了长达1.5万字的关于温、台地区政治形势、群众斗争、武装暴动、党和工农群众组织的报告，还向在上海主持军委工作的周恩来建议，派胡公冕到浙南负责军事指挥。3月初，胡公冕受中共中央军委书记周恩来的派遣，带刘蜚雄、金国祥等从上海经海门、仙居、新龙，于3月7日到达潘坑乡白岩村，住在郑朝福家，与王国桢、李振声及先在白岩的胡协和、谢文侯部队会合，并在白岩对岸的垟头坑村前的龙坛召开红军战士大会，宣传革命道理，然后红军队伍浩浩荡荡经过潘坑向黄皮进发。

---

① 选自第二章第一节第一目。

仙居县金竹乡黄皮村（1948年划归永嘉县溪下乡）地处永嘉、仙居两县边境，是温（州）、台（州）、金（华）三地区接壤的三角地带。黄皮村四面青山环绕，中间一马平川，土地肥沃，粮草丰茂，是个美丽富饶的山村。但是村外交通闭塞，通向仙居的道路只有一条鲫鱼背一样的山路，只容单人行走。通向溪下的道路，沿着溪坑山坳旋转，崎岖不平。因此，驻兵的条件非常优越。这里又是谢文侯祖母的娘家地，村民淳朴热情，对红军非常好，是理想的红军后方基地。3月9日，杀猪宰牛，在黄皮广福禅寺（寺院座落在黄皮，百姓俗称黄皮寺，是浙南著名的千年古刹之一）中大殿召开大会，有四百多名红军战士参加。胡公冕在会上庄严宣布浙南红军游击总指挥部成立，胡公冕任总指挥，刘蜚雄任参谋长，王国桢、李振声负责政治工作，金国祥负责经济工作。红军游击队整编为三个支队，一个直属队，雷高升、胡协和、谢文侯分别任支队长，胡衍真任直属队队长，下辖41个分队。整编后的红军部队，八人一分队，三分队为一中队，三中队为一大队，三大队为一支队。数日间，部队扩展到八百余人，步枪一百余支，火枪两百余支。不久，中共中央军委又派陈文杰来浙南加强对红军的领导。

浙南红军游击总指挥部建立后，浙南各地分散的红军游击队有了统一指挥，这是浙南人民武装斗争的一个飞跃，为后来红十三军的建立奠定了基础。

三、红十三军军部的建立 ①

浙南红军游击总指挥部成立后，为了与浙西武装力量会合，"赤化浙江"，中共永嘉中心县委于1930年3月17日召开了第三次扩大会议，决定首先攻打当时国民党势力比较薄弱的处州城（今丽水）。3月19日凌晨，胡公冕率领红军四五百人攻入处州城，与省保安队、地主武装保卫团等巷

_____

① 　选自第二章第一节第二目。

战约三小时，后因弹药不济，撤出战斗。大部回师五潵，王国桢、雷高升带一支队伍到瑞安、平阳一带打游击，历时半月，缴获一批枪支弹药。

3月下旬，金贯真赴上海向中共中央汇报浙南武装斗争情况。3月31日，中共中央发出《致浙南的信》，决定正式组建红军和中共浙南特委。中共中央指示："党应当坚决在浙南的永嘉、台州为中心组织地方暴动，建立红军。浙南地方暴动的前途，就是夺取浙江一省政权的前途"；"温岭的武装应与永嘉的汇合起来……与永康等地斗争联系，在深入土地革命的斗争中，向着杭州发展，这是浙江红军发展的方向"；"为使党的工作更能敏捷地指导推动工作，有成立特委的必要"。4月3日，中共中央指示："以后各地已组织的正式红军，一切指挥权完全统一于中央军委"，"地方的赤卫队游击队及一切地方性武装，均应渐次集中组织红军"。金贯真回来后，于4月中旬召开了中共永嘉中心县委第五次扩大会议，会议为解决在浙南组建红军问题，作出了若干决议：在军事上"温州游击队暂编为浙南红军第一独立团，台州游击队暂编为浙南红军第二独立团，永康游击队暂编为浙南红军第三独立团"，军事指挥"仍由胡同志负责"；在战略上"集中红军力量，向温州进攻"；在策略上杀豪绅地主，实行土地革命，建立苏维埃政权；在党的建设上每分队组织一小组，每中队组织一支部，一星期开党员大会一次。同时加强帮助地方党部的建立和发展。

根据中共中央指示和中共永嘉中心县委决议，5月3日在永嘉县五潵村四分祠堂商议了关于建立红十三军军部问题，同时决定将各县的红军游击队集中到枫林整训。事先通过枫林知名人士徐挽澜、徐承轩，与枫林地方绅士联系，说明意图，征得他们的同意和支持。可是到5月9日，当各地红军到达枫林黄桥头和下社殿时，遭到当地部分士绅的阻拦，紧闭城门，拒绝红军进城。胡公冕多次派人交涉，均被拒绝。这突然变卦，激怒了红军战士，下午3时开始攻城。枫林城墙坚固，易守难攻。夜幕即将降临，红军将城西南方向的几个稻草堆点上火。先潜入城内的红军又点燃了一个祠堂，一时火光冲天，喊声大作。守城的省防军和民团误认为红军攻入城，惊慌失措，弃城仓皇而逃。

红军攻入枫林后，在惠日寺召开红军战士大会，宣布浙南红军游击队统一编为中国工农红军第十三军（简称红十三军），正式宣布成立红十三军军部，军长胡公冕，政委金贯真，政治部主任陈文杰。红十三军军部设在永嘉县五尰村。后陆续下设参谋处、教导处、经济处、秘书处、直属警卫队、教导队等。参谋处负责人刘蜚雄；教导处负责人徐文龙；经济处总监金国祥（具体负责人：金则意、金显通）；直属警卫队队长胡衍真，副队长郑继眉；教导队队长王麻子（福建人，姓王，号麻子），副队长李立敬。教导队下设三个中队：一中队长李立敬（兼），二中队长杨波（湖北人），三中队长老陆（四川人，名不详）。

红十三军确定的发展方针是：向有群众组织的地方发展，一面配合区县暴动，一面实行红军政纲，实行土地革命，由此充实和改造红军，"使他们受革命群众的洗礼，而养成真正的红军战士，明了他们的任务，坚决他们的革命精神，开始创造第十三军的光荣历史"。

5月23日，中共中央军委就红十三军的组建等问题发来指示，认为红十三军必须扩大宣传，实行经济公开，才能巩固基础，使红军获得广大群众的拥护。要通过很好的军事训练，在斗争中开展军事教育，要施行坚决进攻，向中心城市交通区域发展。同时指出：中央决定你们成立第十三军的基础，将现有的三团扩充为三师的前途。因此，红十三军下属的三个团，在以后的活动中也曾同时使用过"师"的番号。

红十三军活动的全盛时期是1930年的夏秋，最多时全军拥有六千多人。他们坚持斗争的前后四年中，活动遍及浙江南部的温州、台州、丽水、金华等地区的二十余县，经历了大小百余次战斗，在中国共产党的军史和党史上有重要的地位。

四、红一团的组建 ①

红十三军第一团，是1930年5月与红十三军军部同时在永嘉枫林宣布成立的（简称红一团，8月25日，在永嘉下嵊改称师）。最初由永嘉西楠溪三十多支红军游击队整编而成，下辖三个大（纵）队。不久，瑞安、黄岩、仙居、青田和缙云的部分游击队也编入红一团建制，分别组成一个补充营和三个直属游击队，共计3200多人，是红十三军中人数最多、战斗力最强的一个团。

红一团（师）团（师）长　　雷高升

政治委员　　　金国祥

下辖三个大队（后扩编为纵队），一个补充营和三支直属游击队。

1. 第一大（纵）队

第一大（纵）队大队长由雷高升兼任，下设三个建制营，两个独立大队。第一营营长董佐光，第二营营长章华，第三营营长潘玉如，两个独立大队队长分别为胡秀、杨岩斌。

……

2. 第二大（纵）队

第二大（纵）队是以五㳘胡协和部为基础，联合楠溪大源港、东港和大若坑底等地各支红军游击队组成的，大（纵）队长胡协和，主要活动和战斗在永嘉楠溪大源及其周边的一些地方。

红军整编后，由于当时地域分散，战斗紧张，未能形成正规的营、连建制，各地仍以中队为主要单位进行作战。胡协和属下有二十个中队，张溪、石阵潘熙堂分队也归属胡协和部队。

---

① 选自第二章第二节。

楠溪大源五鸿港地区四个中队，每个中队人数约一百人，中队长胡振盛、胡黄金、胡进福、郑九巨；楠溪大源岩坦港地区五个中队，人数约五百人，中队长李寿庆、戴家业、陈瑞兰、戴隆山、周诜炮；楠溪大源鹤盛港地区四个中队，人数四百多人，中队长徐定魁、周明存、潘善琴、谢国通；大若坑底一个中队，人数一百多人；两港地区三个中队，人数三百多人，中队长朱德洪、陈岩锋、卓平西（卓平西的部队，在卓平西到总部后，中队长不详）；楠溪大源苍坡、李宅、周宅、岩头、西岸等地的红军部队称港头大队，人数380人，大队长李世勋，副大队长金仲光，下有三个中队，金仲光兼任中队长，其他两个中队长为李楠和周启佑。

……

3. 第三大（纵）队

第三大（纵）队是在潘坑谢文侯部的基础上组建起来的，主要活动和战斗在潘坑、岩龙、新龙、大岙、北溪、溪下和碧莲、白泉一带及仙居的淡竹、黄皮、黄坦等地。由于地域分散和当时形势紧张，亦未形成正规的营、连建制，而以中队为主进行作战，共有十个中队。

……

五、奇袭丽水城 [①]

浙南红军游击总指挥部成立，使原来分散的农民武装队伍有了统一的指挥。但是部队武器装备和给养都非常困难。全军只有100多支步枪，多数战士用的是火枪、鸟枪、大刀、长矛、梭镖。时值3月天气，春寒未消，只有少数人有军服，多数战士穿的是土布单衣，衣衫褴褛，参差不齐，足上穿的是布鞋、蒲鞋、草鞋，甚至赤脚行军。为了解决武器弹药，改善部队装备，只能向敌人夺取。

当时，江西方志敏领导的红十军在赣东北建立了革命根据地。毛泽东

---

① 选自第三章第一节第一目。

和朱德领导的红军从井冈山进入赣南、闽西，建立了中央革命根据地。扩大游击区域，与江西红军遥相呼应，进而连成一片，共同战斗，这是浙南红军的战略目标之一。开辟通往江西的通道，丽水是必经之地。

丽水城是处州府治，地势险要，是浙南地区通往江西的要冲。但是国民党在丽水驻军不多，且缺乏戒备，疏于防范。攻占丽水城的条件非常有利。

1930年3月17日，中共永嘉中心县委召开第三次扩大会议。根据周恩来起草的中共中央第70号通知精神，为了达到"在军事上可与浙东武装群众集合，有造成赤色浙江的可能，在政治上能动摇全省政局，在党务上能加紧各地暴动"，决定由胡公冕率领红军首先攻打国民党统治势力比较薄弱的丽水城。第二天，县委向中共中央报告："目前游击进展的方向是处州、青田和浙西一带的地方。"请"中央转知浙西、浙南的地方党部与我们发生横的关系"，为此还规定了"西内游击区域与浙西、浙南党部来往文件的技术工作"。同时，胡公冕也向中共中央写报告，他认为在当时形势下，向温州进攻，事实上不可能；向台州进攻，亦非良策，只有向处州进展，决心在10日内取得处州。并具体说明了打处州的理由。

"知己知彼，百战不殆。"为了攻打丽水城，浙南红军游击总指挥部几经研究，派出四个侦察人员，化装成老百姓，潜入丽水城，侦察城内敌人的兵力、装备及布防情况。当时在城内大衙门驻有国民党省防军一个排，约五六十人。长官配有短枪，士兵以步枪为主，还有少量冲锋枪、卡宾枪等。其营区弹药库内有轻重机枪、迫击炮和整箱的手榴弹、子弹。在府前设有警察局，有警察约三四十人，既有长枪，又有短枪，警察局武器库内有步枪、机枪、冲锋枪等。在城隍庙驻有地方保卫团，有团丁几十人。在大猷街驻有国民党盐务局，有盐兵十几人。胡公冕派去侦察人员只侦察到前两股敌人的情况，后两股敌人情况并未侦察到。

根据侦察到的情况，指挥部经过认真研究，确定由胡公冕指挥，采取飞兵猛进、夜间突袭、速战速决的办法攻打丽水城；兵分两路，分头包抄省防军和警察局驻地，以枪声为号，两处同时发起进攻。

3月18日，胡公冕率领红军队伍四百多人，肩扛几十支步枪，一百多支火枪和土枪，还有大刀、长矛和木棍，从黄皮寺出发，浩浩荡荡，一路急行军，向丽水方向进发。黄皮寺至丽水直线距离六十多千米，实际行程一百多千米。这一带山高谷深，荆棘遍地，红军战士翻山越岭，攀崖穿谷，沿着山间小路，曲折前进。越过缙云县东南部，到青田高潮镇时，青田旦头山季正奎红军游击队一百余人加入队伍。到达海溪，由海溪红军战士蒋叶山担任向导。翻过根山岭，再经舒桥到丽水县的祝村、水东。胡公冕在水东村进行战前动员。那天夜里，大雨滂沱，好溪溪水暴涨。当红军到达溪边时无法过溪。幸好找到一只渡船。几百人的队伍，单靠一只渡船摆渡，耽误了几个小时。队伍抵达丽水城下时，已是19日凌晨。胡公冕立即部署作战，指挥部队投入攻城战斗。

几名红军战士从厦河门迅速爬上城墙，翻身跃入城内，打开城门，红军涌入城内。由于谢文侯部队没有赶到（按原定作战方案，谢文侯部队负责包抄大衙门内的省防军），胡公冕将进城红军分成两部分，分头包抄警察局和省防军驻地。

攻打警察局的红军按原来的行动方案发起进攻。尚在睡梦中的警察被枪声惊醒，慌慌张张从被窝中爬出，听见外面一片喊杀声，"我们是浙南红军，你们警察局被包围了！""缴枪投降是你们的唯一出路！""负隅顽抗，死路一条！"警察局被红军包围，个个惊慌失措，东躲西藏，有的瘫倒在床上，有的连衣服也顾不得穿就越墙逃命。少数几个警察妄图负隅顽抗，一见红军冲进来，锐不可当，也只得弃枪窜逃。红军在很短时间内占领了警察局，结束了战斗。缴获机枪两挺，步枪三十多支，初战告捷。丽水县长赖绍周住在警察局隔壁，听到红军攻打警察局，吓得魂不附体，翻墙而逃。

攻打省防军的红军，由于不熟悉城内路径，一时找不到攻击目标。警察局那边打响后，省防军听到枪声，营长吴仁涵吹口哨紧急集合，打开后门，沿上真殿绕巷冲出，正与红军遭遇，向红军疯狂扫射，七名红军分队长和几十名红军战士牺牲在丽水街头。红军战士虽然勇敢应战，终难抵挡，只好撤退。

胡公冕考虑到敌人地形熟悉，坐门应战，武器先进，红军武器落后，许多火枪经雨水淋湿，失去作用，如果长时间恶战，将会造成更大损失，决定撤退。警察局那边的红军也遵照命令，放弃对窜逃警察的追击，沿原路撤退。

在撤退的街巷上，红军又遇到地方保卫团和盐局盐兵的阻击。那些窜逃的警察又返回警察局，从武器库中拿出武器向红军反扑。红军面对紧追的敌人进行巷战，向厦河门方向边打边退，有的红军战士爬上墙头或屋顶，占据有利地形，打击敌人。有的红军在街巷转弯抹角与敌人周旋。从凌晨5时一直打到8时，战斗进行了三个多小时，击毙敌人十多个。红军边打边撤，最后撤至厦河门。

当红军撤到丽水城外时，有9名红军战士留在厦河门外阻击敌人。敌人摸不清红军情况，不敢贸然出城追击红军。这时有个卖菜人进城，被省防军截住盘问。卖菜人不知道厦河门外是红军，照实告诉了省防军。省防军爬上城楼向红军射击，8名红军英勇牺牲，只有一名红军战士脱险。那名幸存的红军战士背着战友的几条枪，撤到城外，回到了部队。

攻城的红军队伍按原路撤退，渡过好溪，经水东到祝村作短暂休整。3月22日，红军到达海溪，青田东江蒋公祥红军游击队赶到海溪，组织群众几千人在正教寺，热烈欢迎浙南红军。胡公冕和王国桢分别在大会上发表演说，宣传革命道理和中国共产党的政策、浙南红军的革命主张，号召农民群众组织起来，反对国民党统治，抵制国民党政府的苛捐杂税。当地群众受到很大鼓舞，当场烧毁海溪乡的土地陈报单。会后，红军指挥部负责人胡公冕等会见了季正奎、蒋公祥等青田红军游击队负责人。23日，蒋公祥红军游击队配合浙南红军游击总指挥部，在海溪附近击溃数倍于红军的尾追敌人。海溪战斗后，王国桢、雷高升率领来自温州江南的一部分红军南下，经过青田县的海口、北山，回到瑞安、平阳，坚持游击活动。

胡公冕率领来自永嘉、仙居的红军战士，经王岙、蔡坑，退到缙云石笕乡黄坛村时，浙保四团甘清池部五六百人尾追而至，发生激烈战斗。当时红军只有五六十人，在当地群众的支持下，胡公冕利用有利地形，指挥红军沉着应战。敌人虽然人多势众，武器精良，但始终奈何不得。双方激战8小时，红军击毙敌人连长一名，敌兵23名。之后，胡公冕率领红军回到永嘉楠溪的五㴖和表山休整。

攻打丽水城虽然没有成功，但其影响非常深远，震动中外，苏联《真理报》和中共中央《红旗日报》都作了报道。丽水战斗使国民党当局大为震惊，急令驻防温州的浙保四团开赴处州加紧防务。丽水全城戒严，惊恐万分，数天来城门紧闭，禁止出入。红军攻打丽水城后，打击了国民党势力，使国民党军政之间矛盾加深。省防军在为阵亡人员开追悼会时，在花圈挽联上写"抱头鼠窜赖县长"的讽刺。红军作战神勇，在群众中广为传播。在红军影响下，丽水许多倾向革命的青年，纷纷走出家门，参加红军。有的在家乡做武装暴动的准备。不久，丽水的北乡、西乡、东乡等地都相继爆发了农民武装暴动。

六、打平阳 ①

红一团在枫林整训后，于1930年5月12日到达永嘉表山，镇压了国民党表山团总郑杰士。红军继续在表山整训，筹集粮食及其他后勤物资。红军经常在表山休整，或出发作战。表山是红十三军军部的后方基地。

为了扩大游击区域，补充武器和给养，策应闽北农民暴动，红十三军军部决定红一团向南出击，攻打瑞安和平阳县城。红十三军政委金贯真先到平阳部署战斗并策动国民党驻军作内应。在返回的路上，在温州城内被捕。金贯真牺牲，当时军部并不知道。

---

① 选自第三章第一节第四目。

1930年5月15日，胡公冕和雷高升率领九百多人的红军队伍，从永嘉表山出发，经碧莲、下嵊至青田平桥口时，受到国民党省防军两个连的阻击。红军组建一支24人的突击队，在青田万山游击队配合下，绕过敌人火力，攀上平桥口后山，居高临下，在敌人背后猛烈扫射。敌人猝不及防，大部分被消灭，小部分狼狈逃窜，缴获一批武器弹药和军用物资。平桥口大捷后，部队继续前进。再经船寮、仁宫、阜山，沿途宣传革命，惩处恶霸，然后翻越奇云山，进入瑞安县境内。这时，雷高升带7人先入瑞安做攻城准备工作。21日傍晚他们来到瑞安城外，同瑞安地下党负责人郑贤塘研究工作部署：由郑贤塘伴装篾工，挑着篾担，诳过敌人的城门岗哨进入城里，一方面要城内地下党组织六十多人准备三十多张梯子和一百多条绳子，接应红军攻城；另一方面摸清敌人城内布防兵力情况，并派两个人将情报送出城，口号是"暴动"，凭证是半块瓦片。谁知送情报的两个同志途中遇上滂沱大雨，在路亭避雨时被敌人抓走，丢失了"凭证"，耽误了时间。胡公冕率领的红军队伍浩浩荡荡向瑞安进发。事先与雷高升约好的情报没有按时送到，知道情况有变，只好临时改变作战计划，放弃攻打瑞安，先袭击了陶山警察所，击毙警察所所长，缴获警察所武器，还镇压了一个伪乡长和一个青帮头子，部队驻扎桐田村。5月23日晚上，大雨滂沱，道路泥泞，红一团和瑞安北区、南区赤卫队共一千六百多人，冒雨渡飞云江向平阳进发。部队经讨湖岭时，受到民团阻击。当时天地漆黑，摸不清情况，下令部队四面散开，准备战斗。这些民团不堪一击，立即溃败。但是一千六百多人的部队，一散一聚，耽误了两个多小时，到达平阳时已是24日上午7点多了。这时交通员带来一个不幸的消息：政委金贯真在温州牺牲了，犹如一声闷雷……

平阳县的吴信直、张培农、叶廷鹏等率领江南、万全等地农民赤卫队六百多人配合红一团攻打平阳县城。上午8时许，胡公冕兵分两路进攻西门和北门。战士们个个怀着为政委报仇的激情，向敌人发起猛烈攻击。顿时，枪声、喊杀声震撼山城。守城敌人慌乱一团。国民党平阳县县长叶燕苏越墙逃跑。战斗进行十分顺利，红军战士很快占领了县政府，夺了县政府大印，并打开监狱，释放了被关押的四十多名群众（其中有些是共产党员和农会骨干）。但是攻打北门城隍庙国民党驻军的战斗，因人地生疏，领路人又领错了路，把五显庙误认为城隍庙，扑了空，待回头攻打城隍庙时，已贻误了战机，敌人有了喘息的机会。同时，驻在城南东岳观的巡缉队进城支援。敌人筑起临时工事，占领城内制高点，以有利地形和猛烈火力向红军反扑。红军战士和赤卫队员与敌人短兵相接，浴血奋战，战斗持续到下午3时。红军和赤卫队，腹饥弹尽，伤亡惨重。胡公冕、雷高升满身泥巴。为了减少伤亡，军长下令撤出战斗。许多红军战士和赤卫队员在战斗中被冲散，失去联系，接不到撤退命令；有的负伤战士被居民掩护藏在家中，也无法撤离。3时后，城门关闭，敌人组织搜查，许多战士被捕杀害，这次战斗192位红军战士血洒平阳城。

部队撤出平阳城后，平阳和瑞安的赤卫队各自回到原来驻地。红一团撤到城外一个村子里整顿，检点人数仅一百余人。这时交通员送来又一个不幸消息，国民党军队和枫林民团，乘红军出击之机，窜到红军根据地五溂烧杀抢掠，放火烧毁五溂村三分之二的房屋，计三百五十多间。战士们义愤填膺，怒不可遏。这时胡军长召开大会，他在会上说："革命总得有牺牲，胜败是兵家常事，同志们不要悲伤。这一仗没有打好，我们总结经验教训，争取下一仗打好。敌人烧掉我们的房子，革命胜利后重建就是了。同志们不要灰心，鼓起勇气，继续战斗，党中央就在隔壁（指江西红军根据地），光明就在前头。"战士们重新振作起精神。在撤退中，驻温州浙保四团调兵尾追。为了甩掉敌人，红军绕道瑞安西区黄坦（今属文成县），昼宿夜行。5月26日派出两人先送信到黄坦，嘱咐黄坦的豪绅当晚办饭120桌，分别设在指定的地点，以备红军路过时享用。同时晓喻村民，夜间勿出门，以免流弹伤人。黄坦豪绅慑于红军威势，乖乖照办。当夜红军进村，在林中巡回辗转，步伐整齐，军号响亮，吃了夜餐，又吃了早餐，故意搞得杯盘狼藉。待到天明，省防军开到时红军早已走远了。经打听，军号彻夜响，120桌饭都吃了。估计红军还有1000人左右，也就不敢再追赶了。红军回到表山休整。胡公冕将部队交给陈文杰和雷高升，自己到上海向中共中央军委汇报请示。攻打平阳虽然失利，但其影响很大。苏联《真理报》刊登了这一消息，《上海报》也作了报道。

七、东征乌岩 ①

红一团连续取得攻克缙云、袭击瓯渠两大战斗的胜利后，回到楠溪大源，集中在表山休整，镇压了表山当地团总郑杰士。表山村地处永嘉县西北部山区，离红十三军军部驻地五鸿十余千米，海拔五百多米；四面环山，易守难攻；北通仙居，回旋余地大；房众富裕，殷户多，可以解决给养问题，是创建根据地的理想地方。红十三军创建后，总部把表山作为后方基地。1930年8月，中共中央军委应胡公冕的要求，经李得钊提议，胡公冕、刘蜚雄带着李立敬（永嘉港头人）、杨波（湖北人）、老陆（四川人）、王麻子（福建人）、老江（秦龙，字志隆，临海城关人）五位留苏回国人员到表山。胡公冕传达了中共中央军委的指示。经研究决定：杨波等五人充任军部参谋和教官。调整补充红一团，将红一团编为三个纵队，分别由雷高升、胡协和、谢文侯负责。在进行军事操练的同时，加强了组织整顿。为了加强部队政治工作，进行干部培训，从各个支队抽调政治素质好，有一定文化知识的一百多名青年人，建立一支直属军部的教导队，并且制订军事行动计划，准备在永嘉、黄岩边界的黄山一带建立游击根据地。

戴元谱在黄岩西部的葡萄坑建立起一支五十多人的红军游击队，1930年7月，编入红一团为独立黄岩红军游击队，在黄岩西部坚持游击战争。……戴元谱在友军的支援和配合下，将蒋亨周的木壳枪队打得落花流水，击毙敌兵两人，伤数人，缴获一批武器，取得了葡萄坑战斗的胜利，红军名声大震，但未消灭敌人有生力量，敌人的主力逃走了。乘胜追击敌

---

① 选自第三章第一节第十五目。

人，消灭敌人有生力量，非自己力所能及，因此戴元谱亲自到军部请兵。

9月中旬，戴元谱由杏岙戴玉波和岩头金则意陪同，来到永嘉表山，向军部汇报黄岩及乌岩敌兵情况，请求军部派主力攻打黄岩县城。根据戴元谱提供的情况，黄岩县城驻军不多，突然袭击，攻下乌岩，再打黄岩，很有把握，有利于创建永黄边红军游击根据地。这样，既可扩大红军在台州地区的影响，将红一团（师）和红二团（师）的战斗活动连成一片；同时，乌岩有钱庄、当铺，还有较多武器，打下乌岩，可以补充部队装备和给养。于是采纳戴元谱意见，决定东征黄岩，胡公冕亲自指挥。戴元谱先回葡萄坑，组织游击队作好接应和配合准备。

9月20日，胡公冕率领部队七百余人，从表山出发。经过岩坦时，查抄了国民党永嘉县党部书记戴福权的家产，分给当地贫苦农民。21日，红军经过张溪，抵达黄岩宁溪，与戴元谱、夏元虎两支红军游击队汇合。经探悉，宁溪至乌岩入口要道小沸头驻有国民党浙保五团两百多人，红军决定先歼灭这股敌人。根据地形敌情，制定三路进攻的作战计划：第一路从宁溪缓步向乌岩前进，故作声势，正面诱敌；第二路由蜈蚣岭插入虎头山，居高临下，侧面袭击；第三路由小坑、下余至李进士桥，背后包抄。翌日拂晓部队出发。第三路在进军途中，与国民党援兵相遇发生枪战。小沸头的敌兵听到枪声，全部从猢狲岭逃脱。红军虽然顺利占领乌岩，但没有达到消灭敌人、缴其武器的预期目的。当日，国民党浙江省政府急令黄岩县县长孙崇夏及省保安队第五团，倾巢出动"围剿"红军。面临突变的形势，胡公冕考虑到双方力量悬殊，只得放弃攻取黄岩县城的计划，率领红军主力部队撤回永嘉，经张溪、屿北，回到五㴆。戴元谱、夏云虎也率部回原驻地，分散隐蔽。

八、龙溪会议 ①

　　胡公冕攻打黄岩没有成功，国民党军队疯狂反扑。当红一团（师）部队回到永嘉屿北时，得悉国民党浙江省当局调集浙保三、四、五、七团共四个团的兵力，再配以永嘉、黄岩、仙居、缙云四个县的保卫团，由"剿总"李杰三指挥，从四面八方向红一团（师）包抄过来，形势十分严峻。胡公冕决定部队分散行动，应付敌人。胡公冕亲率胡衍真、潘善琴及军部人员，经胡坑、表山到潘坑、大岙之间的佳溪、岩龙一带，与第三大（纵）队的谢文侯部队相邻驻扎；雷高升带领第一大（纵）队及青田一部分游击队转移到青田、瑞安边界驻扎；胡协和率领第二大（纵）队在五㳘、胡坑、表山一带与敌人周旋。可是，形势发展比估计更加严重。1930年9月底，胡公冕面对风云突变的严重形势，在五㳘龙溪主持召开紧急干部会议。参加会议的有胡公冕、刘蜚雄、金则意、胡协和、胡衍真、戴元谱及李立敬等共19人。会议制订了化整为零、分散行为、保存实力、伺机再起的应变方针，采取出走、上山、隐蔽、潜伏等具体办法。根据具体情况，分别行动：胡公冕、刘蜚雄和杨波等留苏回国人员先回上海，向中共中央汇报请示，听候中共中央安排；雷高升、戴元谱、金永洪率部坚持在永嘉、黄岩、仙居边境开展游击战争；胡衍真、潘善琴等隐蔽在五㳘、胡坑附近坚持地下活动；胡协和、谢文侯等几个名气较大的人，藏匿好精良武器，潜伏下来，等待时机；其余红军人员分散回原地隐蔽；原地隐蔽有危险的到"山外"（当时楠溪一带称金华以外的兰溪、建德、桐庐、新登一带为"山外"，楠溪有许多人在"山外"种山）暂避。经费问题，各地采取"请财神""捉码子"的办法自行解决。并且要利用关系，创造条件，到温州打入敌人内部搞"兵运"工作，争取国民党军队"倒戈"起义。会后，各自依计行动。

---

　　① 选自第三章第一节第十六目。

至此，大规模攻打中心城镇的战斗基本结束，轰轰烈烈的红一团（师）军事行动告一段落，进入山区坚持斗争。

九、温州兵运 ①

胡公冕自红十三军成立伊始至 1932 年 9 月在上海法租界被捕前为止，多次组织发动兵变（策反），以图夺取武器，解决红军给养，甚至奢求"解放温州城"。

早在 1930 年 4 月 5 日，胡公冕、金贯真到枫林组织兵运工作，由于枫林豪绅泄密，致使兵运未成；1930 年 5 月攻打平阳前，胡公冕、金贯真做了平阳县警察局的策反工作；1931 年 9 月，胡公冕带领刘蜇雄、杨波等回到永嘉，欲组织发动温州兵变。由于叛徒告密，致使兵运未成，胡仍回沪；1932 年 6 月，胡公冕带林永福到海门进行过兵运活动。

1932 年 7 月间，胡公冕带了几个青年干部又回到了岩头，想重整红十三军，东山再起。他决定先去做国民党内部士兵的工作，争取起义，弄到一批枪支鼓舞群众革命斗志，树立信心，继续建立武装队伍。

胡公冕先从驻在岩头的两个营着手，不到几天，通过他旧有的朋友、学生关系，第一营大部分官兵都同意起义。胡公冕通知各地集中部队，准备出发缴枪。可是事与愿违，闻讯那晚偏轮到二营放哨。当时，国民党兵驻在岩头一间两进的大祠堂里，前边驻着二营，后边驻着一营，在此情况下，难以下手。于是决定再等一夜。红军游击队一百多人分散住在五潍，仅离敌人五里多路，敌人却毫无察觉。

第二夜，红军队伍摸黑出发，先埋伏在岩头后山一处庵堂里。不一会，前去联络的交通员告诉：平时晚上国民党士兵都有出来玩的，今天全部没有出营，一片静悄悄，好似戒严模样，连约好的人也无法取得联络，不禁怀疑起来，难道有谁泄露秘密，是否敌人已经知道前去缴枪？决定不打冒

---

① 选自第五章第一节第一目。

险的仗。天将亮，队伍撤回五㴖时，国民党的部队也开拔了：一营开往温州，另一营开往屿北。后来一打听，这是偶然发生的事，正遇国民党部队调防，并没有泄漏"天机"。

8月间，胡公冕又到温州城内进行兵运策反工作。当时驻在温州的省保安团12个连，有好几个连长是胡的学生和要好。另外，国民党部队里还有许多楠溪人。他仗着这些关系和相互影响，派人深入国民党驻温连队中做工作。经过秘密思想工作，说服争取了9个连，连、排长以下的官兵同意参加起义。胡公冕等在楠溪西岸垅寮山茅屋中，开了一次秘密会议，成立兵运指挥部，决定8月23日晚上6时，全城动手，内外呼应，分路袭击团部，起义后每个士兵加饷50元。另外，通知楠溪所有红军队伍，准时赶到温州集合。楠溪山底的革命烈火，又燃烧起来。秘密埋藏的枪都从山洞里、地窖里、菜园里、岩隙里拿出来了。有的划着船，有的沿路走，人人行动迅速，就像插上翅膀似的赶往温州。当时温州东门有许多楠溪人在开炭行，木壳枪放在炭篓里（也有放在粉干篓）运进去；长枪夹在草席中背进去。当时规定中山公园是秘密聚散地，有15名军人在那儿专门分点心，并传达兵运指挥部通知、命令。为了进一步精确弄清敌人布防情况，还派了人深入虎穴到敌人团部里探听虚实。一位叫徐挽兰的穿着笔挺的黄呢军装，装扮成一个国民党团长，胸前挂了好几块奖章，还带着3个传令兵，身背木壳枪，大摇大摆进了敌人团部。敌人一个姓朱的团副看了"片子"，也没有怀疑，认为是南京派来检查工作的官兵，老老实实地把城中兵力布防情况作了汇报。

23日，一切准备好了。四百多名红军游击队分布在城内各处指定地点，银行也指定专人看管。指挥部专门购买的18只手表，对了又对，分给各路的指挥员，准备6时一到，开始袭击团部。下午4时多，因叛徒告密，一个兵运小组被破坏，敌人下命令全城戒严，搜查红军。兵运指挥部得到这一情报后，迅速派人通知红军队伍，分头向东门、南门撤退。6时未到，全城电灯一齐亮起来，四门紧闭，全城戒严搜查。虽然全城搜索，事后检点人枪均无损失，因为许多红军早一些已经出城，被"运动"过的国民党官兵也不愿意捕捉红军，能放过的都让平安过去。

温州兵运，震惊了敌人。敌人更加残暴地加紧对根据地军民的镇压，到处杀人烧房，有的村子被烧了许多房子，留下的是一片瓦砾废墟，呈现焦土断垣凄惨景象。8 月 24 日，烧了楠溪 23 户人家，杀了 14 个人。在这种腥风血雨的年月里，红军游击队很难重整，胡公冕秘密回上海。

关于红十三军的论述 [1]

（2007 年 8 月）

邱清华 [2]

1949 年 2 月 8 日。接龙跃同志召开地委第 10 次扩大会议的电报，规定除我与会外，徐寿考、仇雪清、胡国洲三位同志也参加。我和徐、仇率第四中队于 2 月 19 日由蓬溪出发，夜到五漈宿营。

国洲的家就在五漈，该地是 1930 年红十三军的策源地。红十三军活动范围波及温、台、处（丽水）十几个县，高潮时队伍达六千余人，宣扬共产党的主张，攻城市、打土豪。但当年红十三军领导人根据地的观念尚不牢靠，侵犯中间阶层利益。部队出发，后面跟着一批人，分不清战士群众，到远离五漈的丽水、平阳攻城，以致后来部队垮了。这样，不管胜利的经验，或失败的教训，对我们后来都是宝贵财富。特别是教育干部，当年红十三军领导人的气魄比我们大，智慧并不在我们之下，之所以暂时失败告一段落，是由于路线、方针、政策有问题，再加当时敌我力量对比过分悬殊。我们要好好学习红十三军的忠心耿耿、英勇战斗、不怕牺牲的精神，吸取他们的经验、教训。我们队伍中绝大多数同志参加革命在遵义会议和瓦窑堡会议之后，开始就在正确的路线、方针政策下工作，真是"生逢其时"。议论到这些问题时，大家颇有同感。

---

① 摘自《胡国洲同志纪念文集》，2010 年。

② 邱清华，原永乐人民抗日游击自卫总队政委，中国人民解放军浙南游击纵队括苍支队政委，中共温州地委副书记，温州专署专员，浙江省政协副主席。

胡公冕同志和红十三军 ①

章景濂 ②

  1984 年 1 月 18 日，经中央国家机关党委会批准，追认胡公冕同志为中国共产党党员。4 月 6 日，胡公冕同志骨灰安放仪式在北京举行。

  胡公冕同志是浙江永嘉县五溇人，早年曾参加辛亥革命，1921 年 10 月由陈望道、沈定一介绍，在上海加入中国共产党；同年，党派他赴莫斯科东方大学学习。1922 年 1 月，参加共产国际在莫斯科召开的远东各国共产党及民族革命团体第一次代表大会，同年秋从苏联回国，1923 年第一次国共合作时期，以中共党员身份加入中国国民党。1924 年 1 月，参加孙中山先生召开的中国国民党第一次全国代表大会。同年秋天，和谢文锦同志一起来温州，协助筹建中共温州独立支部，并招募一批青年到广东去参加北伐军。第一次国内革命战争时期，他在周恩来同志的领导下，参加了黄埔军校的筹建工作，并先后任黄埔军校卫队司令、教导团营长、团党代表、政治科学生大队大队长；参加了东征和北伐战争，曾任北伐军总司令部政治部宣传大队大队长、副官处处长、国民革命军七十七团团长、北伐东路军前敌总指挥部政治部主任等职。1927 年 1 月，随东路军进军浙江。蒋介石发动"四·一二"反革命政变后，胡公冕同志被通缉，失掉了党的组织

  ① 原载于《浙南日报》，1984 年 4 月 17 日。

  ② 章景濂，温州市委党史研究室原副主任。

关系。

1930 年初，胡公冕同志在永嘉楠溪组织农民革命武装，建立起浙南红军游击队，担任总指挥，开展革命活动。这支队伍是当时浙南各地农民起义队伍中活动范围最广、坚持时间最长、影响最大的农民武装队伍。1930 年 1 月，党中央派金贯真同志为温、台巡视员，来温州筹建浙南特委和红十三军。

中央军委接受金贯真同志的提议，派胡公冕同志来浙南领导武装斗争。3 月间，将永嘉等地农民武装队伍整编。同年夏天，根据党中央指示，以浙南红军总指挥部所属队伍为主体，加上邻县一带农民游击队，在党派去的干部的帮助下，这支游击队扩编成红十三军，胡公冕同志为军长，金贯真同志为政委。红十三军最盛时，队伍有六千余人，是当时中央军委领导下正式序列的全国 14 支红军之一。它活动于浙江南部十多个县，先后进行了四年多的革命武装斗争，在我党领导的浙江人民革命斗争史上，写下了光辉的篇章。

红十三军成立以后，在温州、台州、处州（丽水）、严州（建德一带）等地进行了大小近百次战斗。其中 1930 年间攻打丽水、平阳、缙云、壶镇、瓯渠、乌岩等战役的影响为最大。同年 5 月 15 日，胡公冕同志率部近千人，从永嘉表山出发攻打平阳。经青田、瑞安等县，沿途宣传革命，发动群众，惩处恶霸。24 日，红十三军在平阳、瑞安赤卫队两千多人的配合下，从西门、南门冲进平阳县城，击溃城内敌军，缴获一批枪支，打开监狱释放被关群众，夺取了国民党的县政府钤印。部分敌人重占城头，向红十三军部队疯狂扫射，胡公冕同志沉着指挥，率部浴血奋战，连续战斗六个多小时。为避免损失，才主动撤离。31 日《上海报》以"浙南红军攻下平阳"为题作了报道，苏联《真理报》也登载了红十三军攻打平阳的消息。

红十三军在攻打平阳之战后，部队发展很快，胡公冕同志为解决干部问题，去上海向党中央汇报。8 月底，中央军委派留苏回国人员杨波等五同志随胡到浙南。9月21日，胡公冕同志又组织了攻打黄岩、乌岩的战斗。党中央召开六届三中全会之后，胡公冕、杨波等同志先后返回上海。至此，红十三军从攻打中心城镇转为分散游击活动，直到1932年5月。同年，胡公冕同志等又曾回到温州进行兵运工作，冀望重振红十三军。不久，在上海不幸被国民党逮捕入狱。但浙南人民的武装斗争并未偃旗息鼓，1935年红军挺进师进入浙南，再次掀起革命武装斗争。

1936年，胡公冕同志经营救获释，直至全国解放，他仍然在党的指引下，为中国人民的解放事业做了许多有益的工作。1950年起，胡公冕同志先后任政务院参事、国务院参事。1979年6月30日，因病在北京逝世。

中共策反胡宗南（摘录）①

杨者圣

这次为中共担任招降任务的使者不是别人，正是胡宗南当年的亲信将领张新，张在解放区经过学习后，中共量才录用，展其所长，被分配到一野总部联络部工作。中共要策反胡宗南，挑选使者，张新自然成了首选人选。为中共具体策划策反工作的，也不是别人，就是胡宗南当年的恩师胡公冕。无论是出于过去的私交，还是为了国共大势，胡公冕、张新确实都希望胡宗南能在最后关头，冲天一击，高张义旗，为西南解放建立伟功。据此，胡、张在西安西京招待所里，多次研究如何争取胡宗南起义。在做好一切准备后，张新把中共西北局的文件和胡公冕的亲笔信，密藏在特制的鞋底里，于（编者注：1949 年）9 月 23 日奉命南下，经宝鸡沿洛川公路直扑汉中。

闻讯张新到达汉中，令胡宗南为之一惊。10 月 10 日后半夜，胡第一次将张传到汉台问话……语气亲切地问："你回来了？" 在这种特殊环境及特殊时期，张自感无须遮遮掩掩，当时开门见山言明此行意图，并按胡公冕事先交代对胡宗南问话一一作了回答，接着便脱下鞋子交给胡宗南。胡走进内室取下文件，随即又走了出来，与张新漫谈起来……无边际地谈了两小时。

---

① 摘自杨者圣：《西北王胡宗南》，上海人民出版社，2010 年。

胡第二次传见张新，与第一次隔了一天。据张新说，这一次胡的态度很客气……张新揣测胡必定对中共西北局的文件和胡公冕的信进行了一番深入研究思考，故单刀直入问："胡先生决心下定了没有？"胡笑了笑，反问张……张新始终不能揣测到胡的真正态度……

　　若就此说明胡已有反蒋之意，却未必尽然。其中缘由，除了与蒋关系太深之外，胡自感25年的反共经历，恐终究不能使中共见谅……胡终无勇气接受中共建议：率部举义！

关于国民党 200 师师长叶芳起义经过的回忆 [1]

周伯苍 [2]

　　叶芳，浙江永嘉县沙头区人，黄埔军校七期毕业，曾任国民党中央军校西安王曲七分校 18 期入伍生团队长，国民党第二兵团邱清泉部骑兵团团长与挺进纵队长等职。1948 年在解放洛阳战役中其部被我军击溃后，他吸取了解放战争中受我军一系列打击的教训，看到我军战斗力的强大，同时，对我党有关起义人员的政策，也开始有所认识。在 1948 年 9 月间，邱清泉决定在温州设立新兵征募处，要叶重整旗鼓再干。衢州绥靖公署主任汤恩伯也要他积极反共，想委其为浙南绥靖区少将主任，以围剿我游击武装。叶在徘徊彷徨中，到上海找同乡前辈胡公冕同志（胡 1921 年入党，留苏回国后，第一次国共合作时，随周总理创建黄埔军校，曾任政治大队长，参加过东征、北伐，任过营、团长，东路军前敌指挥部政治部主任等职，蒋介石"四·一二"大屠杀后，他回浙南家乡组织农民暴动，担任我红十三

---

　　① 原载于《永嘉文史资料》（第一辑），政协永嘉县委员会文史资料编纂委员会，1986 年 3 月。

　　② 周伯苍（1922—2007 年），浙江永嘉人，中共党员，厅级离休干部。新中国成立前，在中共中央社会部上海和福建地下组织工作；新中国成立后，在中共中央社会部福州办事处、中央军委联络部闽联处、福建省公安厅、福建省计划委员会、福建省商业厅等部门任职。

军军长），因胡过去与叶有师生关系，此时，胡在上海搞党的秘密统战和策反工作。叶住进胡家试探寻找政治出路，经胡给予弃暗投明的前途教育后，叶表示愿意革命，为我党工作。胡向中央社会部上海地下组织领导人吴克坚同志反映了这一情况，并由组织负责人祁式潜同志（化名徐大可，即叶说的"徐可达"），对叶进行考察教育。组织决定由胡与叶单线联系，原拟要叶做邱清泉的策反工作，后因邱坚决反共，未进行。

1948年冬，淮海战役后期，按当时形势发展的需要，组织上认为温州是瓯江出口之处，与台湾掎角相对，又与福建唇齿相连，具有战略意义。根据叶芳的具体条件和其本人愿意为家乡人民做些好事的要求，我们利用他与邱清泉的关系通过汤恩伯打入温州地区，表面上可作为国民党安置在温州的反动据点，实际上是我们的秘密关系，为我所用。组织上乃决定通过我党地下组织与浙江省主席陈仪的关系，予以帮助活动，名义上仍由汤恩伯向陈仪推荐，至1948年12月，由陈仪委任叶为浙江温州地区专员兼保安司令。

在叶未正式委任之前，即1948年11月间，祁式潜同志要我先去温州摸清叶在温州可掌握的武装实力情况。在叶委任之后，1949年1月间，又要我再去温州，并在上海黄埔军校同学会第一分处中（即王曲分会，是我党领导的进行合法斗争的反蒋的秘密组织，我任分处总干事），物色温籍学生多人，通过公开或间接秘密渠道，分别打入叶部所领导的保安团队，加强控制。另一方面指派胡公冕同志的亲信、原红十三军干部子弟卓力文为叶的联络员。卓公开担任保安司令部第三科科长，和胡的妻弟彭树棨往来温沪，以经商为名秘密联络。我在去闽前，又介绍即将去闽的策反关系国民党第九军军长徐志勖以同乡名义与叶联系，并设立国民党第九军驻温办事处，以胡公冕同志的堂弟胡世培为第九军驻温办事处主任，与叶互相呼应。此外，还缜密部署，介绍原国民党伞兵总队少将处长李曙，借去温养病为由，予以就近指导以及介绍我原来的策反关系、温州团管区司令叶迈与叶认识等等，要叶白皮红心，确切掌握军政大权，注意工作方法，积蓄力量，等待时机，响应我军渡江。

1949年3月我军渡江前夕，国民党浙江省主席陈仪为汤恩伯告密而出卖，浙江省主席改由周嵒接任，叶芳也被怀疑而免职，由周嵒之弟周琦接替叶芳为温州区专员。此时，我军即将渡江作战，形势逼人，我们要叶芳确切掌握武装实力，在周嵒无兵可调，只是空头专员、司令的情况下，与其周旋。为了稳定叶在温州的实力地位，祁式潜同志代表组织上要我设法转告在福建的国民党第九军军长徐志勖，劝说在闽的国民党第五军军长熊笑三向兵团司令王敬久建议，以原200师师长杨彩藩不堪胜任为由，报请国防部，以驻温新兵征募处名义，改任叶芳为200师师长，由叶总揽温州地区军力，维持危局。叶接任后，即整编新兵征募处为新兵团（600团），保安独立团朱哲光团为599团，所辖永嘉自卫团编为598团，建立该师起义前的指挥机构。

1949年4月中旬，我们获悉国民党联勤总部应福建部队的要求调拨了约一个师的武器装备，由"东南号"轮从上海经温州运往福建。我们为了加强叶的武器装备，并考验一下叶的起义决心，即密告叶芳予以劫持扣留。为了进一步加强叶的起义力量，组织上又要我通知原由上海去闽的策反关系、原200师警卫营营长张万里（浙江上虞人，上海黄埔军校同学会第一期成员，由我介绍在上海经祁式潜同志与其谈话后，打入该师担任警卫营营长），率该师直属队炮、工、通各连，在福州长乐地区接兵的机会，迅速补充兵员和美式装备，组成加强团，以归还200师建制为名，秘密宣布起义。张部改番号、抄小路，昼夜兼程，经闽东大姆山北上，沿途解放福安、福鼎各个县城，并与我浙南纵队泰顺中心县委书记陈辉部联系，赶往温州帮助和督促叶芳起义。但张部军至福鼎分水关时，与我军21军滕海清部遭遇，滕海清部先以投诚名义对张部强制缴械，继将张部作为俘虏押往温州遣散。此时，我军已胜利渡江，解放南京。我中央社会部上海地下组织，也已指派专人赴温与叶芳见面，介绍其与浙南纵队联系，商谈起义事项，并于五月六日叶签订起义协议。叶率部起义后，与我浙南纵队统一编制，全体官兵享受人民解放军政治待遇，叶芳改任浙南纵队副司令。叶芳在温州的起义之举，在政治上对国民党闽、台军政人员产生影响；在军事上切断瓯江口后，使国民党军队如惊弓之鸟，不敢东下，在我大军压境的情况下使浙南温、台、处（丽水）地区以及沿海岛屿得以迅速解放；在经济上大量截留国民党的重要物资，不致运往台湾。叶芳的起义在这些方面都起到了一定作用，具有历史价值。

关于李曙回乡、同吴万玉交涉营救蒙难人员的情况

（1986 年 5 月）

周伯苍

1947 年春，我在上海从事党的地下工作，许多同乡和亲戚，从楠溪逃难来沪，有的住在我家。他们向胡公冕同志和我诉说：国民党浙南括苍区绥靖处少将主任吴万玉，在家乡推行所谓"清乡反共"运动，实行"三光"政策。大肆抓捕我地下党人员和无辜群众，达一千多人，假训练为名，集中关押在永嘉枫林镇，进行刑审逼供，甚至施行开腔挖心、割耳、挖眼等令人发指的暴行。无数仁人志士、无辜群众，惨死于反革命屠刀之下，反革命血案染指永嘉、乐清、青田、缙云、黄岩、仙居各县，造成浙南地区空前的恐怖。乡亲们要求我们设法营救，以解故乡人民倒悬之急。

此时，正好国民党整编 206 师政治部少将李曙（后任南京国民党中央伞兵司令部政工处少将处长，曾接受我党策动，参与伞兵司令部第三团的起义准备工作），路经上海，也住在我家，（李曙是永嘉楠溪方巷村人，与我是同乡，又有亲戚关系）李为人正派，刚直不阿，一生清廉，有爱国心、正义感，是国民党营垒中不得意的军人。他对国民党的腐败表示不满，对我党领导的革命斗争抱有同情。

李曙听说吴万玉在家乡所犯的暴行，目睹乡亲们有家难归的凄凉情景，极表义愤。当时，我和胡公冕同志商量，由我将情况向组织领导汇报，并研究分析了当时的敌我形势，决定以国民党压反动派的策略，利用国民党内部的矛盾和派系斗争，用合法的方法进行营救。我们一面安排李曙回乡，以清明扫墓为由，以其特殊身份，与吴万玉当面交涉，营救被监人员。另一方面由胡公冕同志以黄埔军校师生关系，策动国民党陆军总司令部第三署中将署长徐志勖（枫林人，与李曙是知己好友）出面串联在宁、沪地区的永嘉籍高级将领，如国民党中将军长陈素农等（西溪白泉人），组织活动反对吴万玉，支援李曙回乡斗争。

李曙接受我党策动后，于1947年3月初到达永嘉，先去汤岙古田山扫墓，继而在归途中，径奔枫林，冒身家性命危险，与吴万玉展开谈判斗争。李曙义正词严，对吴万玉指明：第一，被捕人员都是无辜群众，你残杀无辜群众，诚属杀良冒功；第二，目前正是春耕大忙时节，你迫使人们流离失所，以致路无行人，田无耕者，农桑废辍，则来年我家乡数十万人民衣食无着！第三，对家乡遭此横逆，永嘉籍将领都将不会坐视。目前解决的办法只有一条，立即将人全部释放。在李曙等人的努力交涉下，吴万玉释放了一千余人，人们九死一生，幸免于难。

李曙在营救成功后，为了免使浙南人民再遭横逆，根除祸患，又通电驻南京的"将级军官同乡会"，历陈吴万玉杀良冒功，残害无辜的罪行。当时在南京的徐志勖、陈素农、叶芳、夏雷等二十多名永嘉籍国民党将领和温籍知名人士，展读了李曙电文，均同表义愤，又联名向国民党中央和国防部提出弹劾，迫使吴万玉调离。至此，吴万玉在浙南历时半年的所谓"剿共"运动，被我党利用国民党上层开明人士从敌人内部粉碎了。这是当时对敌斗争中，我党统一战线法宝的一次成功运用。李曙等人在这场斗争中，自觉地站在人民一边，挺身而出，保护家乡人民的生命财产，是值得家乡人民纪念的。

地下交通工作追忆 ①

卓珠英

我原名叫明妹，珠英是我的化名，平时同志们亲切称呼我阿珠。

我于 1903 年出生在永嘉县坦头村农民家庭。22 岁嫁给西岸村金守仁为妻。我夫原与胡公冕，金贯真，谢文锦等是少年挚友，曾与胡出师北伐。1928 年 8 月，我夫亡故，留下我及两幼儿。从此寡妇孤儿艰难度日。

1930 年初，中央派金贯真、胡公冕等同志来温筹建红十三军。公冕同志来温后，经常来我家，一面对我进行阶级教育，使我懂得革命道理；一面又鼓励我继承夫志，参加革命斗争，在胡公冕同志的教育帮助下，我担任了秘密交通员。

为了进行地下活动的需要，由家兄平西出面，在温州朔门城租下了两间楼房，公冕等同志来温即居于此，并派我带领尚在哺乳的次子担任炊事、通讯、警戒工作。由于这所楼房的邻居都是有钱人家，因此我对同志们的来往十分小心，楼房后门，朝着城墙头，每当贯真等同志深夜从城墙上过来轻敲此门，并说出暗号时，我才去开门。他们进门后，我就在室外巡视、放哨。不论是刮风下雨，还是数九寒天，总是坚持到同志们安全离开才放心。

1930 年初春的一天，贯真同志获悉重要情报：永嘉反动政府要派兵围

---

① 摘自中共浙江省委党史资料征集研究委员会：《红十三军与浙南特委》，中共党史资料出版社，1988 年。作者系原红十三军交通员。此文根据其本人 1985 年 12 月口述整理。

剿游击队。情况万分危急，必须立即派人送情报，领导把任务交给我。我接受任务后穿过敌人层层关哨，按时把情报送到，使游击战士安全转移。

1930年5月，金贯真同志在温州虞师里，不幸被反动政府逮捕，英勇就义。同志们得此噩耗，悲痛万分。

秋末，乌岩战斗后，公冕同志指示部队转入分散游击，而他本人准备回上海向中央汇报请示。但反动政府对他悬赏缉拿，各个关口严密搜查，一时无法脱身，他就秘密到永嘉珠山我兄家商议，设法经乐清辗转去上海。为了护送公冕同志去上海，我抱病从温州赶到珠山村，一天，反动军警追寻"逃犯"，闯入我兄家，而公冕同志当时正在楼上，怎么办？我心急似火，容不得多犹豫，就疾步上楼，把胡拉到床上，用被子盖住，自己随身躺在一张靠椅上，装得从容镇定。当敌人进房后，我便声言亲眼看见"犯人"往楼角边门逃走，敌人信以为真，继续往前追赶，终于使公冕同志脱了险。后来，同志们问起我当时的计策是怎么想出来的？我笑着说："只要有坚定的革命信念，才会临危不惧，急中生智。"

翌晨，由卓平西和我护送公冕上路。尽管公冕同志化了装，但到了乐清虹桥还是被敌人发觉查获。后由家兄设法营救脱险转回，潜伏在我娘舅家，不久由我们送至清江渡江返沪。

公冕同志返沪后不久，密托当时驶温沪航线的"益利"轮船账房老陈（地下同志）送信来，嘱我将他寄留在我兄家的一支手枪和一具望远镜设法带往上海。在当时白色恐怖统治下，执行这样的任务是非常冒险的，但我二话没说，当即赶到珠山，在回温州的路上，正遇反动军警码头搜查。我怀抱小孩，腰夹手枪，手提装满尿布的藤篮。为了蒙混过关，我往小儿屁股上使劲一扭，使孩子号哭起来。于是奋力往人群中挤去，用急切的口吻向军警哀求道："行行好，小儿得急病，眼看活不成了，快让我进去吧。"匪兵正忙于抢夺财物，见我一个乡下妇女，篮子里没啥油水，就没好气地一挥手让我过去了。过了一道关口，我坐上人力车，行抵大南城门口，只见城门上挂着两颗被惨杀同志的头颅。反动军警两边站列，手上拿着装刺刀的枪，戒备森严，要我们停车检查。一个匪兵小头目从队列里走出来，看看车上是个愁容满面的女人抱着个脸黄肌瘦的小孩，篮子里又是一些破烂货，开口便骂："夜间拉车，为什么不上灯，下次这样就打死你！"一扬手，车夫拉车疾跑，到家已经深夜了。

公冕同志经常对我说："在战争时期，枪对战士来说比生命还重要。"我牢记他的话，像爱惜生命一样，珍藏着他的手枪，直到"益利"轮船返沪时，我将手枪装藏在钳篓里，按时交给老陈。

1931年春，为了解决革命经费问题，刘蜚雄等人秘密来温州与家兄商议，策划逮捕永嘉大地主诸岩松孙儿，并决定叫我搬到县城隍殿巷（即公园路）居住。刘聚集卢园寿、胡青鸡、胡黄金、胡洪有（今尚健在）、胡阿梗与湖北人杨某七人，带着短武器，秘密潜入我家，昼伏夜出。经过一个多月的策划，同时我暗中打通该地主家女佣人，里应外合。一天深夜到谢池巷诸家，逮捕了诸岩松孙儿，带到永嘉楠溪珠山我兄家扣留禁闭，后又秘密转移到同村陈时镜同志家。不久此事被反动军队发觉，他们迅速派兵包围珠山，陈时镜同志被捕，后同地主家女佣人一起被反动政府在温州杀害（现两人均被追认为烈士），诸岩松孙儿被抢回去。事情败露后，家兄奔赴我家报信，命我赶快转移。果然不出所料，反动军队到我家扑了空后，跟踪追来，我在安澜亭码头被捕。

入狱期间，我多次被拘审，开始对我施软计引诱，见我宁死不屈，就对我下毒手，不但拳打脚踢、枪托砸，还用铁条烧红烫我肩背（伤痕至今仍在）。我被折磨得遍体鳞伤，死去活来。如此数月，反动派见我半死不活，所带的小孩整天哭叫，又没有口供招认，只得将我释放。

出狱后，寡妇孤儿举目无亲，浑身创伤又无力求医，房东视我为"女匪"，逐我出屋。正当我贫病交加、走投无路时，党组织闻讯派卢园寿等同志来温护送我母子俩转移到永嘉原籍，还给我送来20枚银元、1床夹被，我得到了组织的照顾，受到莫大鼓舞。

1931年夏，公冕同志派雷高升、刘蜚雄与杨某等同志再度到永、仙边界老区聚集老同志重新组织武装斗争。同年冬，公冕同志复派家兄归来，组织武装，我家又成了地下工作联络站，我继续担负通风报信等联络工作。

1932年5月，"岩头东宗事件"后，蒙难脱险同志，如家兄、戴中飞等同志继续组织武装斗争。当时浙南人民编了一支歌谣："打死家业有中飞，打死黄金有青鸡，打死高升有平西……"意思是说，革命的火种是扑不灭的。

（张怡珀整理）

胡公冕致周恩来总理的信（摘录）①

（1957 年 6 月）

周总理：

现在有两件事向你报告，希望得到你的指示：

一、拟请中央指派专人去浙江温州调查处理红军十三军死难官兵家属的抚恤及慰问浙南纵队老根据地问题

1929 年冬，我去浙南组织游击队，后来党中央给予十三军名义，并派金贯真同志为政委，游击地区在浙南的永嘉、乐清、瑞安、平阳、丽水、缙云、黄岩等县。由于当时敌人势力强大，我军战略方针有错误（我应负责，也与立三路线有关），红十三军虽有群众支持，坚持游击战争约三年之久，但最后终被反动武装镇压下去了。

在红十三军活动期间，浙南游击区各县群众参军的约有五千人，阵亡和被反动派捕杀者很多，人民财产、房屋被反动派抢掠、烧毁的不计其数，尤其永嘉楠溪五漈村，因系红十三军主要游击据点，受害更为深重，当时全村参军的有二百多人，阵亡和被捕的三十多人。国民党反动政府派一团军队会同枫林地方反动民团烧掉五漈村房屋 295 间，（占）全村三分之二以上（当时我军在瑞安一带打游击）。

红十三军虽然失败，但革命的种子是在浙南散播开了。后来浙南纵队就在这地区建立浙南游击根据地，坚持了十几年的武装斗争。

---

① 摘自《永嘉党史资料通讯》，1988 年第 18 期。

……新中国成立后，我于 1951 年关于处理红十三军善后事宜曾报告中央，凡红十三军官兵阵亡或被捕牺牲者，以及房屋财产损失者，请转令地方政府，切实调查，以善其后。但近来继续接到死难官兵家属来信，有的已给予烈属证明书，有的至今还未处理。凡是我记得的人，我都将他们的来信寄给永嘉县政府加以证明，但也有很多死难者我记不清楚，因此一直没有处理。

……

此致

敬礼！

胡公冕

缅怀悼念

国务院副秘书长艾知生同志在胡公冕同志骨灰安放仪式上的悼词

（1984 年 4 月 6 日）

今天，我们怀着十分沉重的心情，举行骨灰安放仪式，悼念中国共产党党员、国务院参事胡公冕同志。

胡公冕同志因病于 1979 年 6 月 30 日在北京逝世，终年 92 岁。

胡公冕同志，浙江省永嘉县人。出身贫苦农家，早年曾参加辛亥革命。1921 年 10 月由沈定一、陈望道介绍在上海加入中国共产党。同年，党派他赴莫斯科东方大学学习。1922 年 1 月参加共产国际在莫斯科召开的远东各国共产党及民族革命团体第一次代表大会。同年秋从苏联回国。1923 年第一次国共合作时期，以中共党员身份加入中国国民党。1924 年 1 月参加孙中山先生召开的中国国民党第一次全国代表大会。此后，他在周恩来同志领导下参加了黄埔军校的筹建工作，并先后任军校卫兵长、教导团营长、团党代表、政治科学生大队大队长；参加了东征和北伐战争，曾任北伐军总司令部政治部宣传大队大队长、副官处处长、国民革命军七十七团团长、北伐东路军前敌总指挥部政治部主任等职。他作战英勇，在东征时曾负伤。大革命失败后，失掉党的组织关系。第二次国内革命战争时期，从 1929 年冬起，胡公冕同志在浙江家乡组织农民革命武装，建立起浙南红军游击队，担任总指挥。1930 年夏，在党派去的干部的帮助下，这支游击队扩编成红军第十三军，胡公冕同志任红十三军军长，在浙南地区十几个县坚持了两年多游击战争和土地革命，沉重地打击了反革命势力。1932 年 9 月胡公冕同志被国民党反动派逮捕入狱，1936 年经营救获释，后去西安。西安事变时，在党的指示下，他利用与胡宗南的旧部属关系，赴甘肃固原，陕西凤翔，劝阻胡宗南部东犯，为西安事变的和平解决出了力。抗日战争时期，他根据我们党的抗日民族统一战线的政策，做了许多抗日救国和有益于革命的工作。同时，和党保持联系。解放战争时期，从 1947 年冬起，他在上海参加了党的地下活动，做了很多秘密情报工作，他冒着生命危险，根据党的指示，策动国民党军胡宗南部队起义未果，之后又策动温州叶芳部队起义，在和平解放温州时起了重要作用。上海解放后，党派他到西北战场，继续做瓦解胡宗南部队的工作，完成了党交给的重要任务。后因过度劳累，患重病回到北京治疗。从 1950 年起，先后任政务院参事、国务院参事。

胡公冕同志热爱党和老一辈无产阶级革命家，衷心拥护党的方针政策，努力学习马列主义、毛泽东思想。深信只有坚持党的领导，革命才有前途，只有坚持社会主义，才能挽救中国，建设中国。他在长期革命斗争中，在党的领导下，为中国人民的解放事业，做了很多革命工作，为党和人民做出了积极的贡献。新中国成立以后，他虽然长期抱病，但在社会主义革命和建设中，积极参加各项工作和政治活动，为社会主义革命和建设事业贡献了自己的力量，是党信任的好同志。"文化大革命"中对胡公冕同志的一切诬蔑不实之词，已经推倒，恢复了名誉。

胡公冕同志和我们永别了，我们要学习他的无产阶级革命精神和崇高品质，化悲痛为力量，更加紧密地团结在马列主义、毛泽东思想的旗帜下，更加紧密地团结在党中央周围，坚决贯彻执行党的十一届三中全会以来的路线、方针、政策，在思想上、政治上同党中央保持高度一致，为完成党的各项任务，为把我国建设成为现代化的、高度民主的、高度文明的社会主义强国而努力奋斗。

温州市委、市人大、市政府、市政协唁电

唁电

（1984 年 4 月 6 日）

　　获悉胡公冕同志被追认为中国共产党党员，和在京举行其骨灰安葬仪式，谨致电吊唁，并向胡公冕同志亲属致以亲切的慰问！胡公冕同志在（20 世纪）20 年代初就参加革命，在中国共产党的领导下，做了许多工作。曾任红十三军军长，转战浙南地区的十几个县，为浙南的解放做出了积极的努力。胡公冕同志永远值得浙南人民怀念！

中共永嘉县委会唁电

（1984 年 4 月 5 日）

闻悉胡公冕同志骨灰安放仪式在京举行，谨致悼念，并向胡公冕同志的家属谨致慰问。

胡公冕同志在中国革命的各个历史时期都做了有益的贡献。特别是胡公冕同志任军长的红十三军，在浙江温、台、处、婺地区十多个县坚持武装斗争，影响深远，家乡人民一直在深深地怀念着他。

我们要学习胡公冕同志的革命精神，继承遗志，为建设社会主义四个现代化而奋斗！

龙跃① 同志致彭猗兰同志电

（1984 年 4 月 7 日）

获悉原红十三军军长胡公冕同志被追认为共产党员，甚为欣慰，特电致意，想公冕同志亦将含笑于九泉。

---

① 龙跃（1912—1995 年），江西万载人，解放战争时期，任浙南游击纵队司令员兼政委。新中国成立后，先后任浙江省温州地委书记兼军分区政委、华东军政委员会委员、上海市政协副主席等职。

永远怀念胡公冕同志

——记胡老骨灰安放仪式 ①

1984 年 4 月 6 日下午，胡老骨灰安放仪式在北京八宝山革命公墓礼堂隆重举行。

礼堂上方悬挂着缀有"胡公冕同志骨灰安放仪式"大字的红色布幅。礼堂主席台正中安放着覆盖着中国共产党党旗的胡公冕同志骨灰盒和遗像。那慈祥的面容和坚毅的神情，使参加仪式的同志情不自禁地想起许多难忘的回忆。骨灰盒前方摆放着胡公冕同志夫人彭猗兰同志敬献的花圈。主席台四周，分别张贴着温州市委、市人大、市政府、市政协和永嘉县委的唁电以及周丕振、邱清华、徐寿考、张燕征、张雪梅、钱启敏六位同志合写的挽诗。礼堂两侧摆满了花圈，其中有大家敬爱的邓颖超同志送的花圈，有中共中央组织部、统战部等单位和国务院领导同志、有关单位负责人、胡公冕同志生前友好以及子女、亲属等送的花圈。整个礼堂布置简朴而隆重，充满着肃穆、哀悼的气氛。

4 月 6 日，北京天气晴明，陵园内松柏掩映，春花初放。下午 2 时半左右，参加胡老骨灰安放仪式的国务院有关单位负责人和亲友们相继来到会场。国务院副秘书长艾知生同志下车后即向彭猗兰同志转达了国务院党组织和邓颖超同志对家属的慰问，并说：邓大姐知道胡公冕同志的党籍问

---

① 蔡渭洲执笔，载于《光明日报》，1984 年 4 月 7 日。

题已经得到解决，非常高兴。参加仪式的还有国务院参事室主任郑思远，年过八旬的全国人大法制委员吴克坚和夫人徐玉书，黄埔军校第一期毕业生、政协委员郑洞国，红十三军政委金贯真烈士之子金雪亮（代表永嘉县委和红十三军烈属来京），知名人士夏鼐、黄玠然、傅学文、钟复光等老同志，胡老的亲属、学生和温属各县在京一部分同志：易丁、周敬之、蔡耀宗、苏平、周伯苍、金凤、周寿星、饶宝香、叶际秀、张侠、周惠年、罗渔、谭勤先、黄静汶、徐柏龄、陈政域、龚梅亭、潘统轩、叶向荣、周顺兴、王顺贤、黄本华、李俊臣、林冠夫、安存信、张洁、蔡渭洲、张瑞钗、叶其恩、陈金花、季明、彭瑢、彭秉朴、罗婉如、罗婉华、周五一以及胡老的子女：宣华、文华、振华、健华、定华、静华和亲属杨竞、李子筠、尤淑卿、王春和、胡承伟、戴绍荣、金书贞等。参加仪式的共一百五十多人。开会之前，到会同志三五成群，亲切聚晤，缅怀胡老革命一生，叙谈全国和浙江的大好形势。

下午3时，仪式开始。国务院参事室主任郑思远主持会议。副秘书长艾知生致悼词。接着，到会同志向胡公冕同志遗像敬礼致哀，向彭猗兰同志等家属表示了深切的慰问，并摄影留念。随后，家属和亲友们护送胡老骨灰盒到革命公墓的骨灰堂安放，大家再次向遗像行礼后，带着无限悼念的心情离开了公墓。

亲友们盼望已久的悼念活动虽然结束了，但我党最早入党的党员之一胡公冕同志一生追求真理、坚持斗争、出生入死、光明磊落的无产阶级革命精神和崇高品德，以及他在长达半个多世纪的各个历史时期对革命事业做出的重大贡献，将永远为人们纪念，传颂。同时，通过这次悼念活动，也使人们更加认识到我们党实事求是、尊重历史、尊重革命老同志的优良传统，更加体会到十一届三中全会以来，党的路线、政策的完全正确及其强大力量，激励人们更加紧密地团结在党中央周围，为实现建设强大祖国的宏伟任务而奋斗。

胡公冕同志骨灰安放仪式在京举行
邓颖超同志等送了花圈 ①

中国共产党党员、国务院参事、前红十三军军长胡公冕同志，因病于1979年6月30日在北京逝世，终年92岁。胡公冕同志骨灰安放仪式已于今年4月6日在北京八宝山革命公墓礼堂举行。

邓颖超同志和中共中央组织部、统战部、国务院办公厅、国务院机关党委、国务院参事室、国务院文史馆、温州市委、永嘉县委等单位和田纪云、艾知生、郑思远、吴庆彤、季方、吴克坚、龙跃、靖任秋、彭文、邱清华、周丕振、叶芳、夏翔、阳翰笙、徐彬如等同志送了花圈。国务院有关单位负责人和胡公冕同志生前友好艾知生、郑思远、吴克坚、夏翔、黄玠然、郑洞国、傅学文、易丁等一百五十多人参加了骨灰安放仪式。前红十三军政委金贯真烈士之子金雪亮（代表永嘉县委和红十三军烈属）及胡公冕同志夫人彭猗兰和子女参加了仪式。国务院副秘书长艾知生致悼词。

悼词说，胡公冕同志，浙江永嘉县人。青年时期曾参加辛亥革命，1921年10月加入中国共产党。从1929年冬起，胡公冕同志在浙江家乡组织农民革命武装，建立起浙南红军游击队，担任总指挥。1930年夏，在党派去的干部帮助下，这支游击队扩编成红军第十三军，胡公冕同志任红十三军军长，在浙南地区十几个县坚持了两年多游击战争和土地革命，沉重地打击了反革命势力。胡公冕同志在党的领导下，在长期革命斗争中，为

---

① 载于1984年《光明日报》4月20日、《浙江日报》5月17日、《浙南日报》5月14日。选入本书时略有增补。

中国人民的解放事业做出了重要贡献。他作战英勇，不畏艰险，在从事秘密工作时，出生入死，全力以赴。新中国成立后，他虽然长期抱病，但仍积极参加社会主义革命和社会主义建设。悼词最后说："胡公冕同志是党信任的好同志。""文化大革命"中对他的一切诬蔑不实之词，都已推倒，恢复名誉。

胡公冕部分骨灰运回故乡安放

（1985 年 4 月）

《温州日报》1985 年 4 月 6 日报道：昨日清明节上午，在缓缓的哀乐声中，中国共产党党员、原红十三军军长胡公冕同志的部分骨灰安放在江心寺烈士陵园。

胡公冕同志是温州市永嘉县五㴩地方人，1921 年 10 月在上海加入中国共产党。1930 年，在党的领导下，胡公冕同志在永嘉楠溪农民暴动的基础上，建立了浙南红军游击队，担任总指挥。同年 5 月，这支部队编为中国工农红军第十三军，胡公冕任军长，活动于浙江南部十多个县，坚持了四年武装斗争。在抗日战争和解放战争期间，以及新中国成立后，胡公冕同志为党为人民做了许多有益于革命的工作；1979 年在北京病故。

参加胡公冕同志部分骨灰安放仪式的有温州市党政军负责人，坚持浙南革命斗争的一批老同志，原红十三军所在地永嘉、永康、温岭、缙云县的负责同志，原红十三军老战士代表以及公冕同志家乡的群众代表共一百多人。中共中央马恩列斯著作编译局办公室副主任周惠年，原红十三军政委金贯真烈士的夫人郑玉钗同志也参加了胡公冕骨灰安放仪式。

胡公冕同志的骨灰是由其夫人彭猗兰同志和儿子、儿媳于 3 月 29 日护送至温的。

衷心的敬仰

——为胡公冕同志骨灰安放仪式而作

（1984 年 3 月 17 日）

邱清华　张雪梅　周丕振

张燕征　徐寿考　钱启敏

在那遥远黑暗年代，

你高擎革命的火炬，照亮了前进的道路，

从此浙南人民奋斗不息。

你是开路的先锋，你是革命的旗手。

你有无畏的精神，你有远大的抱负。

毅然向旧世界宣战，敢于向新社会进军。

胜利以后的今天，浙南人民没有忘记你！

如今，恢复了共产党人一生的英名：

是党的光荣、伟大、正确，

是你革命卓越功绩，

是历史本来的面貌，是人民殷切的期望。

你永远活在人民心中，

我们永远敬仰你！

学习胡公冕同志的革命精神

（1984 年 6 月）

周丕振①

　　中国共产党党员、国务院参事、前红十三军军长胡公冕同志骨灰安放仪式，于 1984 年 4 月 6 日在北京八宝山革命公墓礼堂隆重举行。我因远在杭州，未能前往致唁。当时我和邱清华、徐寿考等同志商议，合写了一首挽诗，寄往北京，以表悼念敬仰之情。

　　公冕同志是浙江永嘉县人，青年时曾参加辛亥革命，五四运动前后，他在著名的杭州一师任教，积极投入了反帝反军阀的斗争。1921 年 10 月，我们党成立不久，公冕同志即在上海入党。此后半个多世纪，特别在革命战争的艰苦岁月中，公冕同志始终在党的领导下，坚持革命，坚持斗争，做出了重要贡献。公冕同志病逝之后，中央有关的党组织，对他的一生进行了认真审查，决定推倒"文化大革命"中加在他身上的一切诬蔑、不实之词，恢复了名誉，解决了公冕同志的党籍问题。对此决定，我和许多亲友、有关同志都是非常感奋的。因为这不仅使我们更加认识到我们党实事求是、尊重历史、尊重革命老同志的优良传统，也使我们进一步体会到十一届三中全会以来党的路线、政策的完全正确和强大力量。

　　永嘉县委决定出版一本纪念胡公冕同志的专册，是一件很必要、很有

---

　　① 周丕振（1917—2002 年）：浙江乐清人，曾任中国人民解放军浙南游击纵队支队长，新中国成立后任安徽省军区副参谋长、浙江省军区司令部顾问等职。

意义的事。因为公冕同志革命活动的记录，不仅是我们党的历史（尤其是浙江党史）的宝贵篇章，而且也是对广大群众进行爱国主义教育和革命传统教育的生动教材。我在年龄和参加革命的时间上，都是公冕同志的晚辈，但因我们都是温州同乡，对公冕同志的革命业绩是从小就有所闻并且十分敬仰的。新中国成立以后，我和公冕同志也曾有过多次接触和向他请教、学习的机会。因此，我也很愿借永嘉县委这份纪念专刊的篇幅，简略地写点自己的感想。

我认为公冕同志革命的一生有许多方面值得我们学习，特别是以下几点：

首先是公冕同志立场坚定、始终坚信共产主义事业必胜的革命精神值得我们学习。不论在国内革命战争时期还是抗日战争时期，公冕同志领导或参加的历次革命活动，都是斗争艰苦，环境险恶的。但由于他立场坚定，始终坚信共产主义是真理，党的事业必然胜利，因而不管在战场上，在监狱中，还是在敌人占领区，都是不顾个人安危，忠心耿耿，坚持斗争。新中国建立后，环境不同了，但30年中的风风雨雨，公冕同志也都是经受了考验，保持了共产党人的革命晚节。

其次是公冕同志热爱人民，关心群众疾苦的思想感情值得我们学习。公冕同志出身于贫苦农家，从小就痛恨阶级压迫，热爱劳动人民。如北伐战争时，他进攻武汉，转战浙江，处处关心群众疾苦。大革命失败后，他在浙南组织红十三军，开展轰轰烈烈的武装斗争，更是他救民理想的直接实践。新中国成立以后，他仍继续关心人民生活和故乡建设，做了许多有益的事。

再次是公冕同志生活俭朴、严于律己的优秀品质值得我们学习。解放以前，公冕同志长期在蒋管区工作，他子女多，又无固定收入，家庭负担较重。但他生活俭朴，自己克服困难，特别可贵的是他即使在生活最困难的年月，也绝对不利用旧部属关系，向国民党当权人物要求接济，而他对革命同志的困难，则千方百计予以救济帮助。另外，和公冕同志有过接触的人，对他虚怀若谷、平易近人、严于律己的优秀品质，都留有深刻印象，而且是十分敬佩的。

浙江物产丰富，山川秀丽，浙江人民敢于革命，也善于建设，在悼念革命前辈胡公冕同志的时候，让我们学习他的无产阶级革命精神和崇高品质，更紧密地团结在党中央周围，为振兴中华、振兴浙江而共同奋斗！

悼公冕同志

（1984年4月6日）

易丁①

腥风血雨卷双溪，民不聊生匣剑飞，

黄埔营中攻武艺，苍山岭上举红旗。

入秦怒斥强梁舞，隐沪笑迎义士归。

坦荡胸怀躬参事，临年立节放光辉。

---

① 易丁，原名谢选魁，浙江永嘉蓬溪村人，曾任东海舰队宣传部长、交通部党委委员、中国计量科学院党委书记。

满江红·胡公冕同志逝世六周年

（1984 年 4 月）

易丁

九十春秋，救中国，剖心洒血。甬江畔，荷枪跃马，少年俊杰。十月炮声摇广宇，三载雁影追马列。听羊城举义响惊雷，心潮热。

师黄埔，英豪结，克武汉，豺狼灭。痛秃鹰舞爪，寒鸦乱舌。奔苍枫红旗漫卷①，迥秦沪素怀弥彻。勤政事，一片苦心情，何曾歇。

---

① 括苍山和枫岭山，绵延于浙江省西南部、地跨台州、温州、处州二十余县，是当时红十三军游击根据地。

献胡公冕同志英灵

（1985 年）

林冠夫 ①

四化五美九阙生辉，瑞霭祥光慰先烈。
东征北伐括苍立马，英风浩气贻后人。

---

① 林冠夫，曾任中国艺术研究院研究员、中国红楼梦学会副会长。

回忆纪念

怀念公冕

（1985 年 5 月）

彭猗兰 [①]

1979 年 6 月 30 日晚上，公冕的心脏停止了跳动。如今，党和人民已对他的一生作出了公正的评价。在他的骨灰运回故乡安放之际，作为与他共同生活了半个多世纪的战友，我知道，用笔是写不尽我对他的怀念的。

初涉革命

公冕是永嘉县楠溪五㴆村一个普通贫农的儿子，他从小就给地主当长工。当时村里祠堂有个私塾，只有富裕人家的子弟才能进去读书。公冕经常跑到私塾门外偷听老师讲课。这样，他初步掌握了一点文化知识。

公冕一家从春忙到秋，收割下的粮食却一担担地挑进了地主家，一家人衣食无着。随着年龄的增长，公冕越来越感到世间的不平等。开始，公冕把当兵作为铲除人间不平的出路。19 岁那年，他瞒着父亲进了杭州随营学校当学兵。23 岁时，正值辛亥革命风起云涌，他到宁波参加了辛亥革命

---

① 彭猗兰（1908—2010）：安徽芜湖人，胡公冕妻。1925 年考入广东大学（现中山大学），1926 年加入中国共产党。北伐军攻占武汉后，成立中央军事政治学校（黄埔军校）武汉分校，任女生队指导员。参加南昌起义，随部队一直行军到广东潮汕地区。后辗转香港、上海、新加坡后，在上海从事革命工作。新中国成立后在国务院机关事务管理局工作，离休干部。

军，在一个教导团（后改编为模范团）中当队长。因南北议和，部队宣布解散，公冕遂到一师当了体育教员。

东征北伐

伟大的十月革命，使公冕思想上受到了很大的冲击。在马克思主义思潮的影响下，在参加五四运动的实际斗争中，公冕同志逐渐完成了世界观的转变，认识到只有马克思主义才能救中国，只有走十月革命的道路，实现共产主义社会才能铲除人类的不平等。

1921年10月，由沈定一、陈望道介绍，公冕加入了伟大的中国共产党。1922年参加第三国际召开的远东民族代表大会。1924年出席了国民党第一次全国代表大会。会后他接受党的派遣随廖仲恺同志筹建黄埔军校工作，去浙江招考第一期学生和教导团士兵，为建立革命军队打下了基础。他在黄埔军校期间，除担任一定的领导工作外，并和一批党团员及国民党左派参加组建"青年军人联合会"，同校内右派组织作坚决斗争。

1925年春，陈炯明叛变革命，广东革命政府决定东征。当这支以共产党员、共青团员为核心的东征部队打到潮汕时，留在广州的杨希闵、刘震寰叛变了。这样东征部队立即回师平叛。在东征中，公冕作战勇敢顽强，先后担任营党代表、营长等职。在指挥攻打龙烟洞的战役中，公冕在敌人密集的炮火中沉着镇定地指挥作战，身先士卒，冲锋在前。正当战斗最激烈时，一颗子弹打中了公冕的右脚。为了不影响士气，他忍着剧烈的疼痛，一声不吭，随手采下几片树叶盖住伤口，坚持指挥冲锋。直到战斗胜利，战士们才知道公冕负了伤。这时，他才让战士们用担架把他抬下战场。

东征胜利后，公冕在军校任政治大队长。这个大队的学生多为知识分子，公冕文化程度不高，工作中遇到不少困难。但由于他秉公办事，善于依靠党团员，团结群众，文字工作尽量发动学生去做，因而大队的组织和宣传工作都做得很出色。在北伐战争中，政治大队在鼓舞士气、提高战斗力方面起了很大的作用。沿途许多部队要求政治大队（北伐时改为宣传大队）派学生去负责政治工作。因此，北伐军到武汉后，政治大队学生已派完了。他们在各军、各师中都出色地完成了任务。

失败之后

正当北伐军乘胜进军之时，蒋介石发动了"四·一二"反革命政变，成千上万的革命同志惨遭屠杀。公冕是敌人通缉的"要犯"。由于他的勇敢、机智，逃出了敌人的魔掌，取道浙江经江西转回武汉，担任了七十七团团长。在南昌起义前，公冕带的这个团在武汉担任后卫，负责处理武汉遗留下的一些工作，如人员物资的转移和病号的安排等，他以惊人的毅力完成了扫尾工作。这支部队安全撤出武汉到达九江，聂荣臻同志来联络，起义部队已离开南昌。以后，公冕奉命到上海待命，不久党派他到汕头带兵。后因起义军在潮汕失利而未成行。我当时在起义部队参谋团工作。潮汕失败后，我和一些同志取道香港回上海，在沪西党的地下组织帮助下与公冕同志会面。在北伐战争期间，我都在广东、武汉等地从事妇女工作，并有幸参加了南昌起义，在长期的共同斗争中，终于在上海和公冕结为革命伴侣。

此时，上海党的活动转入地下，我们在上海的生活、工作极为困难，公冕的心情极其沉重。秋收起义、平江起义的消息传来，我们受到极大的鼓舞。1928 年夏，我们同老家乡亲取得联系，准备回家乡进行革命斗争。但因公冕又一次受到敌人的通缉，被迫转回上海。在上海遇到 CC 系头子陈果夫的弟弟陈立夫，陈说："你只要给蒋介石写封信，通缉令即可取消。"公冕当即严词拒绝。后来陈果夫又托人来"劝说"，都遭到公冕的驳斥。

坚决革命

1929 年冬，公冕由上海经台州绕道潜回浙南家乡，1930 年初在楠溪潘坑秘密组织农民革命武装，成立浙南红军游击队，公冕任总指挥。1930 年组建红十三军，中央军委任命胡公冕为军长，金贯真为政委。红十三军人数最多时发展到五千多人，在浙南十多个县坚持武装斗争两年多，沉重地打击了反动势力。就在这时，他家乡三百多间房屋被敌人焚烧洗劫一空，许多亲人无家可归。直至新中国成立后，这些房子才由政府拨款修复。

1931 年 10 月，公冕奉命到上海向党中央汇报、并请示工作，见了李得钊同志。党要他在上海训练一批干部，准备回温州扩大游击战争和兵运工作，牵制敌人对各地红军的包围。由于叛徒告密，他于 1932 年 9 月在上海住所被捕，反动派把他解到南京。他在狱中坚持斗争，忠贞不屈，保持了共产党人的革命情操。后经多方营救，他于 1936 年出狱，被送到西安幽居。同年冬西安事变，他才得到真正的自由。周恩来同志到了西安，他们很快就见了面。多年不见的亲人，在这样的时刻会面，互相握着手，兴奋不已。起初恩来同志派他到奉化找宋子文和宋美龄来西安见面商谈。翌日得知瑞纳（蒋的美国顾问）已到潼关，宋氏兄妹已准备来西安探视蒋介石，因而作罢。遂改派公冕带恩来同志亲笔信去甘肃固原黑城镇找胡宗南，晓以大义，劝他不要东犯西安。

迎接解放

抗日战争胜利后，我们全家陆续搬到上海。公冕在吴克坚同志的领导下做策反敌军的工作。他利用旧关系，在敌人眼皮底下，搜集敌军情报，瓦解敌军，策动起义，出色地完成了党交给他的任务。上海解放前夕，周恩来同志关切地打电报给吴克坚同志，嘱转告公冕，以宣侠父为鉴，注意安全。1949 年 5 月 25 日凌晨，我解放军从沪西开进来了，不多久吴克坚、何以端等领导同志到我们家里来，我们热烈拥抱，互致祝贺。

上海解放不久，公冕奉命到北京向周总理汇报工作，并参加了开国大典。同年 10 月，总理又派他到西安继续策动胡宗南起义投诚，瓦解其所属部队。他随彭德怀、贺龙、习仲勋同志乘铁甲车沿西北公路去解放兰州，他沿途做策反敌军工作。兰州解放后，他回到西安继续写信派人送到敌军部队，让一些军师长向解放军投诚。这时敌人兵败如山倒，退得很快，公冕的信也要飞快送到才行。为了配合我军尽快地解放四川，他在西安带病坚持工作，直到卧床不起。组织上打电报让我到西安照顾他。直至四川解放，他的工作才告一段落。

普通战士

1950 年春，我们奉命从西安回到北京。公冕在北京协和医院住了半年。病愈后，周总理曾问他要做什么工作，他只说自己身体不好，没有任何要求，以后他也从不向党伸手，体现了他不为名、不为利的高尚品德。

1984 年 4 月 6 日，国务院党组织在北京八宝山革命公墓礼堂为公冕同志举行了隆重的骨灰安放仪式。庄严的中国共产党党旗覆盖在公冕骨灰盒上。邓颖超同志和中央组织部、统战部等单位送了花圈。有关领导同志、亲友家属和红十三军烈属代表共一百多人参加了仪式。此时此刻，当我追念公冕革命的一生，不禁热泪盈眶，感奋不已。公冕同志和我们永别了，但他那无私无畏为共产主义事业奋斗到底的革命精神，以及不畏艰险坚决完成党交给他的各项任务的崇高品质，将激励我们为开创社会主义现代化建设的新局面，奋斗不息。

追求真理的一生

——怀念红十三军军长胡公冕 ①

（2008 年 7 月 29 日）

彭猗兰

红十三军军长胡公冕生于 1888 年，今年是他诞辰 120 周年。随着"八一"建军节逐渐临近，思念之情越发萦绕心怀。

1928 年我和胡公冕在白色恐怖下的上海结婚，至 1979 年胡公冕逝世。五十多年中，我们经历了风风雨雨。在胡公冕传奇坎坷的一生中，有许多可写可述的革命经历。1936 年，我流亡南洋归国后，是胡公冕革命活动的亲历者、见证者。我想在有生之年趁自己头脑尚清楚之际，将一些真实的历史披露出来，既供史学家研究参考，也作为对胡公冕的一种怀念。

为共同抗日而奔走

1936 年，在全国人民强烈要求停止内战、一致抗日、释放政治犯的背景下，经党和各方力量营救，胡公冕被无条件释放（任红十三军军长时，1932 年 9 月被国民党逮捕）。出狱后，我们在西安会合。

西安事变发生后，周恩来在西安见到了出狱的胡公冕，非常高兴。他知道，第一次国共合作时期，胡公冕在国民党上层建立了人脉关系。他要

① 载于《温州日报》，2008 年 7 月 29 日。

胡公冕尽快乘飞机去奉化找宋美龄、宋子文来西安，谈判停止内战，一致抗日，释放蒋介石等问题。胡公冕正要启程时，获知蒋方已有人来潼关，就没有去。而当时，胡宗南"剿共"部队正陈兵甘肃固原县黑城镇一带（今属宁夏），虎视眈眈。如果他接到国防部长何应钦的命令攻打西安，后果将不堪设想。于是周恩来又急命胡公冕速去胡宗南处，阻止他行动。

胡公冕带了周恩来和杨虎城分别写的亲笔信去了甘肃固原。胡公冕向胡宗南指出，蒋介石"攘外先安内"的政策是错误的，分析了如攻打西安，后果十分严重，他也将成为民族罪人、历史罪人。经过胡公冕晓以大义，进行劝阻，胡宗南的军队没有东犯。因为陕西凤翔还有胡宗南一部分军队，胡公冕又二次奉命到凤翔做工作。此后，胡公冕接受周恩来指示，深入到西北军和东北军中做工作，还去了西京招待所和新城，同关在那里的蒋方人员谈话，要他们接受停止内战、共同抗日的主张。他说："中国正被日本侵略蹂躏之时，中国人不该打中国人。"

西安事变是一个重要的历史关头。事变的和平解决对推动国共两党再次合作共同抗日，起了重大作用。胡公冕执行党的指示做出了重要贡献。西安事变虽然和平解决，但是抗日统一战线的建立阻力很大。蒋介石口头答应的一些条件并未兑现。事变后仍有许多后续工作要做。1937年初，胡公冕根据周恩来指示，又去了南京，做一些国民党上层人士的工作。在我的记忆中，1937年上半年，胡公冕基本上来往于南京、上海、西安三地，为建立抗日统一战线而奔走。1937年5月曾在陕西三原受到彭德怀、叶剑英等同志接见。

当"平凉专员"的真相

大约在1937年四五月，国民党发表胡公冕为"甘肃平凉专员"。事先我们并不知道，但此前，蒋鼎文（黄埔一期）曾要胡公冕担任西安行营第三厅厅长，被他严词拒绝。国民党让胡公冕当平凉专员的具体背景我们一直不知道。最近看到《在胡宗南身边的十二年·情报英雄熊向晖》（上海人民出版社，2007 年）一书，说是胡宗南的安排。该书还写道："胡宗南这个人关系很复杂……比如胡公冕，他是中共党员。胡宗南在黄埔军校时他与胡公冕关系很好……周恩来当时称胡宗南是黄埔先进。当时就是没有加入共产党就是了。"

当国民党甘肃平凉专员，胡公冕开始也是拒绝的，潘汉年知道后动员他去（潘当时是上海地下党负责人，人称"周公馆"的主任，1955 年因"内奸罪名"被逮捕入狱，1977 年去世，1982 年被平反昭雪，恢复名誉）。潘说："平凉是交通要地，你去那里对抗日统一战线，对党的工作有利……"在潘汉年一再劝说下，胡公冕考虑到，既然如此安排，应以大局为重，大约在 1937 年 6 月下旬动身去了甘肃。我是在上海生了女儿后才去甘肃的。我记得，我的路费还是"周公馆"给的。1941 年国民党掀起第二次反共高潮，甘肃省政府主席换成了反动的 CC 系头子谷正伦，他对胡公冕进行排挤打击，于是胡公冕辞职。

潘汉年动员胡公冕去平凉，主要与当时的政治大背景有关。为了早日实现国共合作共同抗日，中共中央于 1937 年 2 月发表《中共中央给中国国民党三中全会电》，提出五项要求和四项保证。四项保证甚至提出"工农政府改名中华民国特区政府，红军改名为国民革命军"等。卢沟桥事变推动了第二次国共合作的形式。1937 年 8 月，国民党政府宣布中国工农红军主力改编为国民革命军第八路军。此前，党在延安召开了白区工作会议，要求白区工作贯彻执行党的抗日民族统一战线政策。

在当时的政治形势下，在各方面要求废除国民党一党专政的压力下，国民党不得不做出一些姿态，允许非国民党的进步人士参加国民党政府工作（记得郭沫若任国民政府军委会政治部第三厅厅长）。潘汉年动员胡公冕，实际上是执行党的抗日民族统一战线的政策。胡公冕也是为了党的抗日民族统一战线而去工作。

胡公冕从大局出发去甘肃平凉，占据了那个位置，以合法身份支持边区抗日工作。在此期间，苏联提供的军火、通信器材及药品等一部分物资，从新疆经平凉运往陕甘宁边区，八路军伤员也得以安全过境，允许边区向平凉富户摊派粮草等。胡公冕利用有利地位还做了许多其他抗日救国的工作，并与肖克同志保持联系。在西安时，胡公冕利用与胡宗南的关系，为周恩来、邓颖超在西安安全过境以及营救共产党员和进步人士做了一些不为人知的工作，并与七贤庄八路军办事处保持联系。国务院领导在胡公冕骨灰安放仪式（安放在八宝山革命公墓东四室）悼词中指出："抗日战争时期，他根据我们党的抗日统一战线政策，做了许多抗日救国和许多有益于革命的工作，同时和党保持联系。"

早期经历打下基础

解放战争时期，胡公冕做了许多情报工作和国民党高级将领的策反工作。1947年还以黄埔军校师生关系，策动在南京、上海的温州籍国民党高级将领，联合斗走残害浙南人民的括苍区绥靖处主任吴万玉。

追根溯源，西安事变时，为什么周恩来派胡公冕去胡宗南处做工作？胡公冕在解放战争时为什么能做许多策反工作？等等。这一切与胡公冕早期经历和第一次国共合作时期的经历有关。

胡公冕生于浙江永嘉楠溪五𣲷村一个贫苦农家。他从小就痛恨阶级压迫，热爱劳动人民。1911年参加辛亥革命，曾在革命军"模范团"当连长（团长是蒋介石）。南北议和后，他到著名的一师当体育教员，五四运动期间成为该校学潮的指挥者之一。怀着朴素的革命理想，胡公冕1921年10月参加了中国共产党。1922年1月，作为中国共产党代表团代表，参加了共产国际在莫斯科召开的远东各国共产党及民族革命团体第一次代表大会，代表团受到列宁接见。1923年9月胡公冕受到孙中山先生接见。随后他以中共党员身份加入中国国民党。1924年1月参加了国民党第一次代表大会，会后参加了筹备黄埔军校的工作。

国民党一大决定创办一所陆军军官学校，即黄埔军校。孙中山虽指定蒋介石任军校筹委会委员长，但蒋走马上任十几天后却向孙中山先生提出辞职，因此廖仲恺成为筹备工作实际负责人。廖当时是坚定地支持孙中山先生的国民党左派领导人。胡公冕曾对我说："筹备黄埔军校，廖仲恺起的作用最大。"当时廖仲恺让胡公冕跟他一起工作。军校筹办期间，武器奇缺，资金十分困难。他们为办学所需经费东奔西走，不得不到当时驻扎在广州的杨希闵、刘震寰（分别是云南、广西军阀，把持广州的税收）处筹措。杨、刘每晚都抽鸦片到很晚，廖、胡二人只好等候至深夜，再和他们谈经费问题。

廖仲恺筹备黄埔军校为什么找胡公冕作助手？看中的是胡公冕吃苦耐劳、埋头苦干的优点。查阅当时国共两党上层及黄埔军校领导和教官的履历，或有留日、留法、留德的经历，或是保定军校、云南讲武堂出身，或是受过良好教育、有较高文化水平者。胡公冕既无学历、靠自学得来的文化水平也不高，却能立足于黄埔军校，除了他的革命精神外，很重要的是他作风正派、能埋头苦干。

1925年6月黄埔军校开学。胡公冕先后担任卫兵长、教导团营长、团党代表、政治科学生大队大队长，他参加过东征和北伐，曾任北伐军总司令部政治部宣传大队长、副官处长、国民革命军团长、东路军前敌总指挥部政治部主任等职。蒋介石1927年"四·一二"反革命政变后，胡公冕是浙江省通缉的第二名共产党员。

由以上所述可知：早在1911年，胡公冕就与蒋介石有上下级关系。由于第一次国共合作时期的经历，他认识国民党左、右两派一些上层人士，又由于参加筹备黄埔军校，并在黄埔军校工作了一段时间（一期至四期），而且黄埔一期的浙江考生是他去浙江招收的，因此他与出身黄埔的一些国民党高级将领，如胡宗南、宣铁吾等都有师生之谊。胡公冕正是利用了他在国民党上层的人脉关系，在抗日战争（第二次国共合作）时期做抗日统一战线工作，乃至解放战争时期在白区做隐蔽工作。

西安事变期间，胡公冕做胡宗南的工作，也是利用他们之间有旧部属关系。胡宗南在孝丰县梅溪小学时他们就认识。1924年，胡宗南投考黄埔一期是备取生，胡公冕曾助他进黄埔军校，东征时又提拔他当副营长，胡公冕在龙烟洞战斗中受伤后让他代理营长，后来又保他当团长。早期，胡公冕一直争取胡宗南成为革命者，但胡宗南随着地位上升，他愈来愈反动。

无怨无悔追求真理

1949年，胡公冕再次受命赴西北前线对胡宗南部进行策反、瓦解工作。此时他已61岁，工作非常危险、紧张，他带病工作，最后患上严重神经衰弱症，从此失眠的病痛一直折磨着他，不得不长期服用安眠药。

新中国成立后，患病在身的胡公冕被周恩来安排在国务院任参事（事前总理曾问他，愿做什么工作，他说自己有病，没有提要求），他一直以坦然的态度看待自己的经历，从未计较个人名利得失。他知道总理工作十分繁忙，从来没有为自己的事找总理。20世纪50年代中期，他给长子胡宣华的信中说："你千万不要替我难受，我的思想永远是年轻的，世界还有什么事业比革命胜利、人民幸福更伟大的事业吗？我能见此局面已是万分幸福，所以我的感情和个性统统被革命事业和劳动人民融化在一起，是乐观的，愉快的。"

1964年，他又一次向党组织表达了回到党内的意愿，并写了《我的经历》（载于中国革命博物馆《党史研究资料》1982年总第55期）。据我所知，当时的参事室领导曾将这份"自传"呈邓颖超同志进行核实，邓颖超同志给予充分肯定。时值"文化大革命"的前奏已经开始。

1979年胡公冕病逝后，中央有关党组织根据他多次表达恢复党籍的愿望，对他进行了认真审查，解决了他的党籍问题。国务院领导在悼词中指出："他在长期革命斗争中，在党的领导下，为中国人民的解放事业做了很多革命工作，为党和人民做出了积极的贡献。""我们要学习他无产阶级革命精神和崇高品质。"这是党对胡公冕追求真理的一生做出的明确肯定。

在胡公冕的影响下，我和子女对待他革命经历的态度也是低调的，任一些历史真相被偏见所湮没。在胡公冕诞辰 120 周年之际，我们觉得，应该本着对历史负责的精神，实事求是地还历史以真实面貌，兹以这篇文章作为对胡公冕的怀念。

忆和父亲相聚的日子

（1985 年 5 月）

胡宣华

　　禾苗的成长赖于持续不断的阳光雨露，然而一个人的发展中最重要的变化常常是个别的契机。我想对于我的一生道路，我父亲起到的是决定因素。正是他，决定了我投身革命，正是他，支持我参加抗美援朝的行列。他以他一生的行为，教诲我为祖国的振兴，为社会主义的胜利努力奋斗、自强不息。虽然在几十年的风风雨雨中，我和父亲能相聚的日子，不过是三年五载。

　　我在襁褓、孩提时期，由于父亲从事革命活动，只能把我托付给亲友，先后在胡识因姑妈和其他亲人家中居住，不过那时情景已不复忆及。后来，父亲被捕入狱，我这才有机会在监狱中和他生活在一起。这几个月的相聚，虽然在严酷的环境之下，然而我却第一次得到了父爱。

　　那是我五六岁的时候，父亲已由南京的监狱转到了南昌的特别监狱中，由于母亲在南洋，我被允许到狱中和我父亲住在一起。那是一个单独的小小囚室。清晨，父亲把我从睡梦中唤醒，督促我穿衣、洗脸；白天，教我认字和算术；晚上，照顾我脱衣入睡。他以他的爱抚来滋润我的幼小心灵，而我也极力使他满意和高兴。我清楚记得，有一天傍晚，我站在床上，探身于开向走廊的窗沿，看见一个姓黎的同牢难囚，我就拖长声音喊："阿—黎—伯—伯。"我还没有喊完，父亲就制止我说："对长辈不能叫阿黎，那是不尊敬、不礼貌的。"这件事虽小，可是我心里非常不好受，我感到这事引起了父亲的不满意，而让父亲高兴则是我当时唯一的心愿。

在监狱中，常有人在天亮前被押出去枪毙，这在我幼小的心灵中当然会引起阴森的感受，但父亲的镇定自若，使我感到有一面坚实的墙在保护着我，有他在我身边，一切都不用害怕，一切都会好起来。这短短的几个月，是我一生的奠基石。从这里开始步入人生的坎坷旅程。

我再次和父亲在一起是在抗日战争前后的两三年。双十二事件的枪声，抗日战争的烽火，国难当头，带来了救亡的运动，父亲忙于救国大事，很少能管我，然而也不时听他谈及："不能做亡国奴，没有国哪有家，哪有自己！"而少年的我，也目击虹口日军司令部的岗哨和太阳旗徽的飞机炸弹，从逃难、流亡的灾民，救亡的歌声中，体会到父亲的教诲，埋下了对侵略者的仇恨，使我懂得国仇家难，使我理解个人的命运是和祖国的命运休戚相关的。

在我离开家又一个八年之后，从1949年2月到7月间，我又一次和父亲聚在一起。当时他在上海党组织、吴克坚等同志的直接领导下，从事白区工作。虽然，父亲当时从没有讲明他从事的工作，但我心中还是清楚的。这期间，温州专员叶芳来我家（商量温州起义事情），国民党的高级将领如徐志勋等也来过我家，他灵活地周旋于敌人中间。有时，我也为父亲给周伯苍同志送物件。虽然家里处境是危险的，但他总是镇定自若。特别使我难忘的是父亲奉上海地下党之命去西安策动国民党胡宗南部起义。临行前，父亲把我单独叫出到外面，把家中的事一一托付给我，当时我们6个未成年的孩子，最大的不过12岁，小的只是周岁而已，父亲对我说："宣华，你是长子，弟弟妹妹很小，你要当好大哥，要带好他们……"那时他的一去，分明是九死一生，可是公而忘私，国而忘家，置个人安危于不顾，处生死于度外，他的身教，他的革命精神，鞭策着我进步。抗美援朝时，我从大学投笔从戎，正是按照父亲的意志走人生的道路。

别了，我最亲爱的父亲，然而在我的心目中，您是永生的！

怀念父亲胡公冕

（2019 年 8 月）

胡宣华　胡文华

　　父亲胡公冕生于 1888 年（清光绪十四年）。他九十余年的人生，经历了辛亥革命、第一次国共合作的大革命、对国民党进行武装斗争的土地革命、第二次国共合作的抗日战争、决胜国民党的解放战争。每个时期他都积极参加，为党和人民做出了自己的贡献。他的一生有传奇、有坎坷、有危险、有贡献。他经历很丰富，但生前留下的文字不多，也没有日记，有关他的文字也不太多。1964 年，父亲向国务院参事室党组织表达了回到党内的愿望，写了一份比较系统的自传式材料，后经中国革命博物馆党史研究室整理，题以《我的经历》，发表于《党史研究资料》1982 年总 55 期。20 世纪 80 年代以来，曾有多篇或长或短的文章记述胡公冕，内容多参考《我的经历》。我们兄妹在这里，以不同角度记述父亲生命中的片断，包括一些书籍、文章中他人的回忆。

　　1964 年他写自传材料时，已经 76 岁，没有可能也想不到查阅资料，完全靠个人记忆。我们知道，一个人只靠自己回忆三四十年前的许多经历，要做到都准确是不容易的。由于年代久远，尤其在时间上容易出差误。又因为不是回忆录，且文化水平所限，有些经历比较笼统、粗糙。但是我们认为他的回忆内容是真实、可信的。那是 1964 年，普遍讲诚信的年代，而且许多事件的参与者、见证者大都健在。例如，1936 年"西安事变"时，他在周恩来直接指示下做的那些工作，仅有他个人的回忆，可算"孤本"，他不会无中生有去编造，周总理还健在。悼词中采纳了这段经历。抗日战争初期去甘肃平凉那段经历，为什么去，只有潘汉年最清楚，但1955年潘被错误定为"内奸"而入狱，1977年去世。父亲的回忆也成了"孤本"。他在那段时间，确为抗日民族统一战线做了许多工作，为当地老百姓做了许多好事，冒犯了地方势力。"这些人和国民党上层人物有千丝万缕关系"他们联合起来告他，"据说状子很高"。甘肃省长、CC系头子谷正伦也排挤他。父亲实在干不下去，于1941年离开。调查人员只要深入查阅那时国民党档案，可知真实情况。相比之下，永嘉的党史研究者，亲赴上海查敌伪档案，审讯记录，证实胡公冕被捕后的表现无懈可击，也确认他是1932年9月被捕，不是他回忆的1932年4月。他对红十三军时期经历的回忆，有的时间有差误，有的事件是前后关联的，前件时间记错，后面的时间也错。例如，父亲1932年7月回岩头，8月搞温州兵运。这是经永嘉党史部门反复考证、调查确定的。20世纪80年代，一些还健在的参加这次兵运的红十三军老战士共同回忆，包括永嘉县原副县长汪瑞烈的回忆，以及其他资料的佐证，确定为1932年8月，父亲错记为1931年。其实1931年他也搞了兵运，只是参加的人员和情节有所不同，他可能把两次搞混了。又如，1930年5月下旬攻打平阳，他错记为1931年5月，于是平阳战后去上海向中央军委汇报时间也错了。

下面我们从辛亥革命和大革命时期开始记述他的人生轨迹，有粗有细。这一段是他后来独特经历的基础。

父亲胡公冕1888年出生在浙江永嘉楠溪五㲋村的贫苦农家。1907年起，先后在浙江新军随营学校当学兵，在溪山有名的广化高小当体操教员，到驻扎在孝丰县梅溪镇的湖州管带处当教练，在温州统领处当教练官。这些经历中结交的朋友，有的对他后来的革命活动有帮助、有交集。在父、母和两个哥哥先后因贫、病去世后，1911年父亲义无反顾离开家乡去宁波参加辛亥革命军。先在一个师的教导团当排长，蒋介石是教导团团长。教导团开往上海改编为"模范团"，父亲被提升为队长（相当于连长）。在上海期间他认识了与蒋往来密切的戴季陶、陈果夫（沪军督都、孙中山得力助手陈其美的侄子）等后来的国民党上层人物。3个月后南北议和，部队解散，父亲辞别了蒋介石。他曾对女儿说过，因看不惯蒋介石的生活方式故而离开。父亲决定离开蒋介石，是他人生的重要转折。再见蒋时是10年后的1923年。

　　1912年秋，徐定超介绍父亲到著名的浙江第一师范学校当体育教员，先后10年。父亲文化程度不高（两年私塾、半年高小），在那里结识了一些进步的知识分子。他们对他有很大影响。一师一位学生回忆："教师中有的名望很高，如：教音乐绘画的李叔同，教国文的夏丏尊，教体操的胡公冕……我进校后，陆续进校的进步教师有：陈望道、俞平伯、刘大白、朱自清等。"一师是浙江新文化运动中心。1919年，他"带领师生积极参加五四爱国运动，成为该校学潮领导人之一"。1920年2月全国闻名的一师风潮中，他被推举为教师代表，面见教育厅长夏敬观，要求经亨颐校长复职。3月29日，500名警察冲向操场围捕学生，父亲不顾个人安危挺身而出。警察追捕他，在学生救护下得以脱身。

　　怀着朴素的革命理想和信念，父亲于1921年10月加入中国共产党。这成为他革命生涯中一个新的光辉起点。童欣在《杭州第一个党支部》（《杭州日报》1980年3月7日）中指出："1922年9月，中共中央派从苏联学习回来的共产党员庄文恭到杭州组织党支部。当时杭州的共产党员有于树德（杭州法政学校教员）、胡公冕（一师教员）、徐白民（小学教员）等六七人。其后不久，在皮市巷3号成立中国共产党杭州支部，直属中央领导。"

　　1923年9月，父亲应邵力子、戴季陶之约去上海，拜见孙中山先生，汇报他在苏联的见闻。不久，经党同意以共产党员身份参加国民党。1924年1月参加国民党第一次全国代表大会，会后参加筹建黄埔军校工作，被派往浙江秘密招收黄埔军校第一期学生，后又去浙江招收教导团学兵。

1924 年 6 月，黄埔军校正式开学，6 月 27 日父亲任管理部卫兵长。在这个特殊岗位，他认识了更多的国民党上层人物。

1924 年 11 月 30 日黄埔军校第一期学生毕业（这期 6 个月）后，相继成立了两个教导团。1925 年 3 月，蒋介石带领两个团会同许崇智的一部分粤军，第一次东征盘踞在东江的陈炯明。按照苏联的军队编制，团、营设立了党代表。父亲参加此次东征，先任教导二团第一营党代表，后调任第二营营长。因杨希闵、刘震寰叛变，东征军回师广州，父亲任前卫司令，在攻打龙烟洞时受伤。根据广东区委书记陈延年指示，父亲向蒋介石要团长缺，争取带兵。蒋是不允许共产党人掌握兵权的，派他任第六团党代表。团长是最反动的惠东升。1926 年 3 月 20 日，"中山舰事件"前一天傍晚，父亲根据惠的行动，察觉情况异常，可能要出事，即向陈延年报告，未受到重视。当夜父亲被惠东升拘押。释放后，政治部主任周恩来（1924 年 11 月被委任）调父亲到政治科。1926 年 3 月第四期学生入学。他被任命为第四期学生政治大队长。

黄埔军校第四期政治科学生文强，在《第一次国共合作时期的黄埔军校》（文史资料出版社，1984 年）一书中回忆："我们考取政治科的，兴高采烈地离开了入伍生营地，坐着花艇到校本部去报到。不料报到后，竟分发到离校本部将近 20 华里 ① 的沙河营房学习。所谓营房，不过是一所临时性的校舍，全部用毛竹和蒲葵搭盖而成的简易棚……政治大队长是胡公冕先生，当晚即集合讲话，谓新校舍正在抢建，不久就可搬入去住。这座临时营房，具有通风、透光、防潮等优点。我们都是来黄埔革命的，就应该生活革命化……话说得不多，将大家心头上的愁云，一扫而光。""政治大队的大队长，前后两任都是著名的共产党员，胡公冕和熊雄两同志。这两位大队长注视着右派的阴谋活动并采取了许多措施，否则师生之间、同学之间定会闹得天翻地覆。两位大队长艰苦朴素，以身作则，在学生中威信很高，加之左派始终占优势，使得右派一筹莫展。"

① 华里：长度单位，1 华里 =0.5 千米

1926 年 7 月北伐开始。政治大队成为北伐军总司令部政治部宣传大队，父亲任大队长。1926 年 8 月下旬北伐军占领湖南全省。接着攻占了汀泗桥、贺胜桥，歼灭了吴佩孚主力。9 月上旬又乘胜占领汉阳、汉口，但是武昌却久攻不下。武昌城墙很高而且坚固，北伐军没有炮。最开始是爬城，两次都失败，改为挖洞爆破，也没有成功，伤亡很大，最后改围困的办法，到 10 月 10 日才攻占了武昌，先后 40 天。北伐军总司令部政治部离开长沙，把临时办公处设在武昌城外南湖的文科大学（后来的中央军事政治学校，即黄埔军校）。攻打武昌时，时任政治部副主任的郭沫若在《革命春秋》一书中，记述了他与父亲相伴而行的一些情景：

攻城的大炮没有，飞机也没有。

……

（9 月 1 日）军事上的人们在中午时分开了一次会，决定组织敢死队，在当晚乘着夜阴去爬城。本来没有工兵队的革命军，政治部这时成了临时工兵队。好在这时，代杰所率领的一批先遣队和胡公冕率领的宣传大队都已经到齐。政治部派了许多人到四乡去征发梯子和麻绳……夜半时，各军挑选的敢死队到南操场齐集……择生（邓演达，时任政治部主任）是要跟着去督队的……我自告奋勇也要去，择生不允许……竟连宣传大队长胡公冕，在东江之役本是有阵地经验的人，他都不肯让去，只挑选了 10 名宣传员带着一道去了。……在五点钟时我叫胡公冕到总司令部去探听消息，结果不出所料，因为敢死队走到城近处时天已经发白，敌人已经有了准备。""到了九点钟，都还不见回来，我便决心和宣传大队长胡公冕同到前线去视察，同时也带了一位宣传员同路。那便是周恩来弟弟周恩寿，一位很敏活的短小精悍的少年，在做着小队长。

……

今天是不会再有战事的……大家默然走着归路。在一个小庄落上遇着上前线来的总司令部一群人。其中有总司令蒋介石，军事顾问加伦将军……两来的人一接头……各报告前线的情形。……择生又随总司令部的一些人折向前线去。他们要到前敌司令部开临时军事会议。我和公冕便同他们分了手。……把饭吃完了，公冕和我把钱包倾倒出来，凑集了三块钱，交给房主人。……告辞着又走出去……对面有一大队夫役挑着担子走来，是送稀饭到前线去的。……轰的一声一个大炮打来了……离我们有八九尺远的光景……起来一阵土烟，没有爆发。公冕在后面叫着：大家赶快走，把队伍隙开……大家都很匆匆忙忙抢着往前走，对于他的命令如像马耳东风。他又更加大声叫出第二次时，话还没有说完，又是轰的一声飞到了……在地里又起了一阵土烟，也没有爆发。……我向公冕叫着：'城墙上炮火打得还不错，只可惜那炮弹怕是劣货，日本造的'。公冕说：'这两炮都不错，也怕是地面松的关系，要是爆发了，今天的牺牲会很不小'……又是轰一声，这一炮落在我背后的路上，爆发了。……公冕在后面一户农家外的草堆上，向我叫：有人受伤了，快转来！……待我走到公冕所立的地方时，看见恩寿睡在那草墩下，也在呻唤，左脚的脚背在流着血。……在农家找到一张杨妃椅，四脚朝天地翻过来……恩寿被移进了那架临时担架里，我和公冕便把他抬回南湖。

……

9月3号和4号都没有动作，只是敌人推察到南湖文科大学是革命司令部，时常有大炮对着这个方向打来。……5号晚上又决定要去大规模爬城……4号下午已派人到咸宁附近去征集梯子。主持其事的仍然是总政治部……这一次梯数比上一次多四五倍。

……

谁都想到5号夜里一定可以攻进城……敢死队出发有两小时，炮火声特别猛烈，直到天亮才渐渐衰竭了……胡公冕到前面的总司令部问过两次……第二次他是见到了总司令，说他正在和前线打电话，说的确是攻进了城……得到第二次的报告，自然是再无可怀疑了……我自己又亲自跑向总司令部去……碰着已任命为湖北财政厅长的陈公博，武昌的确攻破了，他也要立刻进城去。……政治部的两面大旗是由两位宣传员在前面打着……刚走到那段地面正中处……忽然地，乓的一声，炮弹刚好落在队伍中间不及三尺远的光景。地里起了一阵土烟，炮弹没有爆裂……接着又来了两声大炮，都打得很准。但都要感谢那骗钱的帝国主义者，他们把些不中用的废弹卖给了中国的军阀。一个二个都没有开花……怕有点靠不住吧……我怕他（指蒋介石）也是受了骗。一种诳报军情和冒功图赏的那类卑劣事迹，在我脑中漂泛起来。……我便把部队的进行中止了，由我和公冕和几位愿意同行的同志往前线去探听……爬城计划失败了两次，牺牲了好些同志，以后便没有再用了。

　　……

　　9 月下旬总司令部移到江西方面……总政治部有一部分也跟着去了。各地方来归附的军队很多，凡是来归附的军队，他们最先请求的便是派遣政治工作人员……他们并不知道政治工作的真意，但很知道南军和北军在组织上的重要不同便是在这种工作的有无。有了这种组织的南军打了胜仗……因而政治工作便成了一个时代的宠儿。各方面来归附的军队既多，所派遣到各处去的工作人员也就不少。胡公冕所带领的一个宣传大队，所有的宣传员，不久便被派遣一空。连公冕本人也就不得不被派遣到江西去了。

总司令部移到江西后，有行营设在汉口，行营主任便是邓演达。郭沫若留在汉口主持政治部工作。父亲便与郭沫若分开了。

此后，邓演达在武汉筹建中央军事政治学校武汉分校时，曾打几个电报到江西总司令部，要父亲回武汉担任武汉分校总队长。电报都被蒋介石扣下，不让父亲知道，却任命父亲为总司令部副官处长。表面看是信任，实际是一种变相绑架，不让共产党人胡公冕脱离他的控制自由行动。这一招郭沫若曾领教过。1926 年 11 月 8 日总政治部派郭等人去九江工作两个星期。一到九江"老蒋就不肯放我们回来，以便在他的形同监视之下……"1927 年 3 月，委任郭为"总司令部行营政治部主任"蒋说："你无论怎样要跟我一道走……文字上的事体以后要多仰仗你……"他是用计使郭与武汉脱离关系。后来郭想尽办法脱险，离开了蒋介石，参加了南昌起义。

在北伐期间，还发生一件令人容易误会的事。蒋介石曾派胡公冕去上海见陈独秀。事由是北伐之初，中国共产党联合国民党左派在广州发起了"迎汪复职"运动（蒋制造"中山舰事件"，汪精卫被迫出走欧洲）。目的是抑制蒋介石建立个人军事独裁的企图，维护统一战线的持续。8 月"拥汪反蒋"呼声很高。蒋介石知道自己羽翼尚未丰满。参加北伐的国民革命军最初有八个军，但只有第一军是嫡系。要将北伐进行下去，蒋还需要苏联的援助，也需要借助中国共产党的力量。因此蒋介石在政治上继续耍两面派。为了取得中共支持，蒋要公开的共产党员胡公冕到上海向中共中央说明，他有"同中共合作到底的诚意"请中共"不要迎汪"。这段历史，父亲在《我的经历》中说："蒋介石觉得他自己很孤立，他叫蒋先云（中共党员，时任蒋的秘书）同我说，要我到上海向中共中央说他始终要和共产党合作……要我们不要拥汪。党明知他说的是谎话，仍决定我到上海走一趟，敷衍他一下"。此段历史得到历史文献证实。《中共中央文件选集》第二册（中共中央党校出版社，1989 年）有两份相关文献：一是《中央给广东信——汪蒋问题最后的决议》（1926 年 9 月 22 日）记录："蒋介石曾派胡公冕同志来上海见仲甫同志，请 CP 勿赞成汪回国。"二是中央政治报告（1926 年 10 月 11 日中局会议）指出："蒋对于汪的问题似乎已多少受了我们的影响（胡公冕、特立、伍廷康陆续的去湘见蒋），现军事既已快结束，而蒋又同意，故汪回国问题，此时已有点把握。"文中特立为张国焘，伍廷康（又作吴廷康），本名维金斯基，为共产国际驻中国代表。

1926 年 11 月，北伐军攻下南昌、九江后，蒋调父亲为团长，率领一个由俘虏组成的团为攻打浙江的先头部队，一路行军，一路训练。到衢州时，何应钦任东路军总指挥，白崇禧任东路军前敌总指挥，父亲为前敌总指挥部政治部主任，蒋拿下父亲的兵权，在浙江省政府未成立前先负责行政。杭州攻下后，受到监视，为派沪杭铁路局局长王兆全，与何、白发生激烈冲突，受到排挤，他向蒋请病假，离开政治部。蒋派陈群接任。

北伐军攻占上海后，蒋介石的反革命面目进一步暴露，积极准备叛变革命。蒋两次让父亲约陈独秀谈话，陈都以有病为由，未见蒋介石。像"中山舰事件"前一样，处于第一线的父亲已敏锐感到有大的变故要发生，把自己了解的不正常情况报告陈独秀，但并未引起陈的重视。"四·一二"政变前两天，蒋介石要父亲搬到司令部，父亲却住进南市一家医院。两天后便听到枪声大作，蒋开始对革命者大肆屠杀。父亲被通缉。

1927 年 5 月，父亲辗转到武汉。在 7 月 15 日汪精卫公开宣布与共产党决裂前，这里是革命者的安全之处。父亲被派任汪派军人张发奎部七十七团团长。前任团长蒋先云已阵亡。7 月，武汉革命形势趋坏，革命部队陆续向南昌进发。七十七团留在武汉处理善后事宜后开往九江时，南昌起义部队已出发去广东。聂荣臻来九江与父亲联系，为躲避张发奎扣留，父亲又到上海。不久邓中夏命他去潮汕，还未动身，起义部队在潮汕失败。革命真正处于低潮，上海党的活动转入地下。父亲在上海隐蔽，失掉党的组织关系。1928 年 9 月父亲秘密回到家乡五㵘村，"到岩头、下堂、南岙等地进行革命活动"，被敌人发现。命令逮捕父亲的电文被永嘉县民政科科长陈福民看见。他是父亲在杭州随营学校的朋友，星夜通知父亲，才得以幸免。

在中共中央直接领导下创建的红十三军，是中央军委正式列入序列的全国 14 支工农红军之一。红十三军的创建，有两个人起了重大作用：同是永嘉人的金贯真和李得钊。他们都得到谢文锦资助，就读上海大学。该校是党早期培养革命干部的一所大学。著名共产党人瞿秋白、恽代英、邓中夏等先后任教。此后，他们两人又先后去苏联留学。

李得钊 1927 年初回国，1930 年任中共中央军委秘书，是军委书记周恩来的得力助手。李得钊和金贯真、胡公冕的联系一直十分密切。1930年 3 月下旬，金贯真到上海向党中央汇报浙南地区工作情况，李得钊负责联络安排，并与中央领导一起听取汇报。他对浙南红军总指挥部的成立和红十三军的顺利创建起到至关重要作用。以后，胡公冕两次因红十三军受到重大挫折到上海向中央军委汇报、求助时，都是李得钊接待和联络。1930 年 6 月，胡公冕去上海向中央军委汇报攻打平阳失利，政委金贯真牺牲，请求军委派干部。在李得钊的帮助下，派五位留苏干部到红十三军工作。

金贯真，1926 年参加国民革命军，任北伐东路军总指挥部秘书兼党团书记。1927 年赴苏联留学，1929 年 8 月回国。1930 年 1 月受中央委派到浙南巡视。在极为严重的白色恐怖下，克服千难万险，忘我地巡视了四十多天，1930 年 2 月 28 日给党中央写了一份长达 1.5 万字的巡视工作报告。3 月下旬又到上海向党中央汇报。据此，1930 年 3 月 31 日，中共中央发出给浙南党的信，指示建立红军和中共浙南特委。

第三个重要人物是胡公冕。金贯真建议中央派父亲任红十三军军长。当时，周恩来、金贯真、李得钊都知道胡公冕已不是共产党员，但他们都仍然信任他。

父亲是一个农民，19 岁离开家乡，从他早期的经历，也可以说是行伍出身。他文化不高，更没有学历，完全靠刻苦、实干精神一步步提高。大革命时期在黄埔军校任职，在东征和北伐中积累了实战经验，他在家乡有一定威望。金雪亮主任在《胡公冕传略》中说：胡协和的农民游击队在1929 年 "9 月 14 日攻打枫林省防军后，由胡衍真出主意，打出胡公冕招兵的大旗，集中各路武装……胡公冕声望高，影响大，人们打他的旗号，因此纷纷揭竿而起闹革命"。1929 年 6 月，长子胡宣华出生，安排好由亲戚抚养后，父亲于 1929 年冬回永嘉组织农民武装。受中共中央军委委派

1930 年 3 月 9 日建立浙南红军游击总指挥部，担任总指挥，5 月担任红十三军军长，政委是金贯真。

负责中央军委工作的周恩来，1930 年 4 月至 8 月去莫斯科向共产国际汇报期间，中央工作事实上由李立三主持（总书记向忠发有名无实，1931 年 6 月叛变），形成了一个人说了算，大权独揽的"越权"局面。为了把"左"倾路线推向全党，6 月 11 日主持召开了政治局会议，通过了他起草的《决议》。受共产国际委派，周恩来、瞿秋白于 8 月中、下旬先后回到上海纠正"立三路线"。9 月 24 日至 28 日召开了六届三中全会，基本结束李立三的"左"倾冒险主义。短短几个月的"立三路线"给中国革命造成巨大破坏，红十三军也是这一路线的受害者。"它直接地受到当时的中共中央'左'倾错误的指导。当时的浙南党组织受设在上海的中共中央直辖，其斗争受中央直接领导。……中央给浙南红军的战略规定，是首先夺取温州，进而争取革命在浙江省的胜利。这是振奋人心的目标，却是幼小的浙南红军力所不能及的，它导致了幼小的浙南红军一次次与强大的敌人作一城一地的争夺，也导致了幼小的浙南红军最终在消耗中消失。"①

胡公冕任红十三军军长，受"左"倾思想影响严重的浙南党组织的一些人是有看法的。早在 1930 年 4 月，有人就向李立三汇报有关父亲的负面情况。而作为统率浙南党组织和军事武装的核心人物金贯真，却理解和支持胡公冕的工作。他（5 月 20 日牺牲）1930 年 5 月 12 日最后一次给中共中央的报告中有："第一团在 5 月前攻下枫林时才组织成功，指挥者仍是胡公冕，因除他外实无人能负起这种责任，同时因他工作积极，有军事能力，各游击队同志很愿由他来作指挥工作。"②

亲密战友金贯真过早牺牲，是红十三军的重大损失。父亲外要面对强大的敌人，内受"左"的排挤，作为军长，他的困难越来越大。周天孝主任 1990 年在《缅怀金贯真烈士》一文中曾揭示："在极左思想泛滥情况

①　解放军档案馆：《红十三军和浙南革命斗争》，解放军出版社，2014 年，第 439 页。
②　同上，第 249 页。

下……红十三军和特委中部分干部排挤、贬斥胡公冕……"

1930年9月20日父亲率领部队七百余人攻打黄岩，虽占领黄岩附近的乌岩镇，但没达到消灭敌人、缴其武器的目的。国民党省保安团倾巢出动"围剿"红军，在双方力量悬殊情况下，只得放弃原来计划回到永嘉。这是他领导的最后一次大的军事行动。此时，全国政治军事气候已骤变。

北伐后新军阀混战。1930年4月开始蒋、冯、阎中原大战，蒋介石暂时顾不上红军，全国红军及浙南红军得以迅速发展。待蒋取胜后，把中国内战重心转向对各地红军接连不断地大规模"围剿"，幼小的红十三军没有了成长壮大的政治军事气候。"在敌人重兵'围剿'下，红军生存受到严重威胁，大股红军队伍不但不能牵制和瓦解敌人的进攻，反而更容易暴露目标，有被敌人整体包围消灭的危险。9月底，胡公冕主持召开紧急干部会议，决定部队化整为零，分散行动。"①

龙溪会议后父亲等人回上海向中央军委汇报、请示，听候安排。此后，他一方面与红十三军余部保持联系，另一方面将对蒋介石国民党的斗争转到另一条战线，转向兵运（策反）工作。除在永嘉、温州，还在杭州、南京一带搞兵运。"在上海，曾要胡宗南的弟弟胡琴轩拿我的亲笔药水信带到南京给他，要他起义……"（见《我的经历》）。当然，这是天真的想法。但说明父亲尽可能动用自己的黄埔关系与国民党斗争，仍在坚持自己的革命信念和革命使命。

"岩头事件后，红一师主力解体。……军长胡公冕曾于1931年9月和1932年6月分别到永嘉和海门做过兵运工作，均未成功。1932年7月胡公冕又回到岩头，打算再做兵运工作……未果。8月胡公冕又到温州城内进行策反工作。还是通过旧关系，说服了驻温州的省保安团9个连同意参加起义。吸取之前的教训，为保证起义成功，胡公冕专门召开会议，成立了兵运指挥部，决定于8月23日发起起义，由楠溪的红军队伍和参加起义的保安团的9个连分路袭击团部。会后，各路红军分批秘密潜入温州，在城

---

① 解放军档案馆：《红十三军和浙南革命斗争》，解放军出版社，2014年，第40页。

内中山公园集中，等待兵运指挥部命令。23 日下午 4 时……一个兵运小组因叛徒出卖被破坏。省保安团立即将温州城戒严，全城搜捕红军。兵运指挥部迅速通知各路红军分头从东门和南门撤出。温州兵运失败后，敌人变本加厉地对红军进行围剿和镇压。在严峻形势下，红军暂时无法再组织行动，胡公冕也秘密回到上海。"①1932 年 9 月，由于叛徒出卖，父亲在上海静安寺路的租房内被捕。

大革命失败后，在白色恐怖笼罩下的中国，父亲从 1929 年冬起在家乡组织农民武装，后任红十三军军长，到 1932 年 9 月被捕，在浙南地区十几个县坚持了两年多的游击战争和土地革命。他出生入死，不怕牺牲，按共产党员标准严格要求自己，与蒋介石国民党进行各种形式的殊死斗争。

最终红十三军失败了，但是"浙南红十三军和浙南的斗争意义……就其历史本身而言，它对当时中国的政治震动，远大于它对蒋介石国民党统治的军事打击，它产生的深远影响，远大于它当时取得的成就。（一）它与土地革命战争的各个发生地区一样同为近代中国革命斗争做出了重大贡献和付出重大牺牲……共同谱写了近代中国革命斗争的悲壮、惨烈而又光辉灿烂的历史。（二）它发生在蒋介石国民党的根本重地，以另一个侧面揭示了中国革命的必然性……（三）它在客观上和一定程度上策应了江西与福建红军苏维埃运动的开展，折射出浙南红军战争中的战略地位……（四）它对浙南广泛而深刻的革命动员，为后来红军挺进师在浙南坚持南方 3 年游击战争奠定了群众革命基础……而浙南红军保有的人员汇入挺进师的斗争，则给挺进师以力量补充。也使红十三军和浙南斗争有了光辉结果"②。

父亲被捕后，虽经多次审讯，他都坚决不承认是胡公冕。大姐胡秋华一边请律师出庭为父亲辩护，一边立即找胡宗南设法营救。胡宗南深知父亲案情重大，如解浙江，必死无疑。经过运作，由侍从室黄埔一期学生急电上海警备司令部，将父亲押到南京。

①　解放军档案馆：《红十三军和浙南革命斗争》，解放军出版社，2014 年，第 50 页。

②　同上，第 440 页。

父亲与胡宗南早在 1910 年就相识，当时胡宗南在孝丰当小学教员。后来父亲帮助胡宗南进黄埔军校，在第一次东征时提拔胡宗南为二团二营副营长，父亲受伤后，让他代理营长，以后还保胡宗南升团长。《在胡宗南身边的十二年》（上海人民出版社，2007 年）一书中熊向晖曾说："胡宗南这个人关系很复杂……比如胡公冕，他是中共党员。胡宗南在黄埔军校时，他与胡公冕关系很好……周恩来当时称胡宗南是黄埔先进。当时就是没有加入共产党就是了。"1943 年，"从 7 月 9 日到 13 日，周恩来在西安停留了 5 天，除了会见胡宗南之外，还分别会见……并会见了胡公冕"，"胡公冕是中共党员，在黄埔及东征时期，当过胡宗南上司，提携过胡宗南"。

父亲在 1948 年至 1949 年曾做胡宗南的策反工作。1948 年初在南京与胡宗南见面时，胡宗南流露出对国民党前途的悲观情绪。父亲将这一情况向中共上海社会部部长吴克坚汇报。经中央同意，父亲于 1948 年 3 月、6 月两次飞西安做工作。1948 年 12 月胡约父亲去南京见面。1949 年 4 月，在白色恐怖非常严重的情况下，父亲冒极大危险最后一次去西安。临行前将家事托给不到 20 岁的长子胡宣华，抱着未必能回的思想准备，将生死置之度外，由上海先飞重庆，再转机去西安。因种种原因，策反没有成功。1949 年西安解放后，周恩来同志命父亲到西安，在西北军区领导下做瓦解胡宗南部队工作，带病工作直到四川解放。父亲回北京治病。

父亲 1932 年 9 月被捕，10 月押到南京，先关在羊皮巷监狱，后转到南昌总司令行营监狱，关押期间各方营救，蒋介石不放，但也不审不杀。1936 年父亲在狱中腹泻不愈，危及生命，经亲属请求，时任国民党陕西省主席邵力子保父亲出狱治病，住在曾为一师学生龚贤明家疗养，但行动受限，只能待在西安。龚贤明曾去法国勤工俭学，认识周恩来、李立三等人，经由亨颐（一师校长）介绍，1933 年投奔邵力子，时任西京建设委员会工程处长。1936 年 12 月"西安事变"，邵力子也被扣押。中共中央派周恩来等人到西安调解、处理。周恩来与邵力子是黄埔军校时的老朋友。据龚贤明回忆：是邵力子告诉周恩来，父亲住在龚贤明家，于是周恩来亲去龚家探访。不巧，两人都不在。回来听说后，两人立即赶去周恩来住处。父亲与周恩来阔别数年，相见自是十分高兴。周恩来请龚介绍父亲认识杨虎城（时任陕西绥靖公署主任）。东北军军长王以哲送父亲去陕甘边境。父亲受周恩来指示去甘肃固原县黑城镇见担任军长的胡宗南，带去周恩来、杨虎城亲笔信。父亲晓以大义，劝阻胡宗南不要东犯。

本文介绍一下担保父亲出狱的邵力子。邵也是浙江的传奇人物。他1882年（清光绪八年）出生于浙江绍兴，是清末举人。1906年同于右任去日本学新闻学。两人都加入孙中山创立的同盟会，是国民党元老级人物，也是孙中山先生的坚定追随者，两人回国后共同办报。邵1919年在《民国日报》副刊《觉悟》任主编。该刊登了许多著名共产党人宣传马克思主义文章。1920年5月邵与陈独秀、李达等在上海共同组织了"马克思主义研究会"，陈望道、李汉俊……甚至戴季陶都是成员。11月邵以国民党员身份跨党参加中国共产党。邵力子一生也热心于教育。1910年在陕西高等学堂任教，因宣传新思想、新文化，被陕西当局驱逐出境。1917年到复旦大学任中文系主任。1922年10月任上海大学副校长，1923年任代校长。1932年任国民党甘肃省主席、1933年任陕西省主席时都大力兴办教育。

1925年5月，蒋介石邀邵力子到黄埔军校工作，先后任校长办公室秘书处处长、秘书长兼政治部副主任，是公开的共产党名人。1926年7月被任命为国民革命军总司令部秘书长。8月受蒋指派与谭平山参加11月在莫斯科召开的共产国际第七次扩大会议。从广州途经上海时，正值中共中央开会，在欢送会上瞿秋白致辞："这次到莫斯科去，还是做个纯粹的国民党代表好。"于是邵力子只好登报退出共产党。杨之华（瞿秋白夫人）1956年9月回忆（《一大前后》）：邵力子退出党是我们党做的决定。为什么有这一决定，一些文章和书籍或粗或细分析了事由。《周恩来与邵力子》（华文出版社，2012年）一书中，周恩来说："我同意秋白同志意见，即使退出共产党，仍然可以为党工作，而且做团结、争取、软化蒋介石的思想工作还更方便，更有利，可在国共合作中发挥更大作用。"这里不多引用相关资料了。

　　1926 年 12 月在莫斯科开完会，邵力子没有及时回国，到中山大学学习俄文，1927 年 5 月才回到上海。蒋介石已背叛革命，邵力子"心绪十分混乱、矛盾"。过了几天到南京向蒋介石汇报共产国际会议情况，蒋要他继续做秘书长，他婉拒，同老朋友于右任商量后暂时隐居起来。1927 年 8 月蒋介石下野，1928 年 2 月蒋又复职。邵力子答应了蒋的要求，出任国民党中央政治会议委员。邵力子不是马克思主义者，是民族主义者，他追随蒋介石是因他的世界观和阶级立场仍属民族资产阶级范畴，又受传统儒家思想影响很深，对蒋的反革命本质认识不清，对其抱有不切实际的幻想。但邵力子内心是同情共产党、倾向革命的，始终致力于国共合作，他是国民党内民主派。与共产党合作方面，只要在他权限内，只要他能办到的，他都尽力去办。1937 年 2 月他辞去陕西省政府主席，出任国民党中央宣传部长后做了几件重要而有意义的事：例如，利用职权，使《鲁迅全集》得以出版；批准《文摘》发表斯诺的《毛泽东自传》；1937 年 8 月批准在南京出版《新华日报》，不久上海沦陷，南京告急，《新华日报》转到武汉创刊发行。1938 年 9 月底，武汉危急时，又转到重庆出版。1938 年 2 月因反对查封《文摘》愤而辞职。他利用自己在国民党内的地位，还做了许多有利于人民的事。许多回忆邵力子的文章都赞赏他在腐败的国民党内清正廉明、刚毅正直、乐于助人、生活简朴、平易近人的品德，他是德高望重的国民党左派。

　　邵力子 1949 年 3 月参加"南京政府和平商谈代表团"，4 月"和谈"破裂后留在北京，坚决站到共产党领导的人民革命方面，开始了他一生经历中崭新的一页。新中国成立后，他担任全国政协常委和民革中央常委等许多职务。"文化大革命"中，1966 年 8 月 3 日，周恩来请准毛泽东主席后，下达指示："宋庆龄……邵力子……等 12 人"应当予以保护 ①。1967 年12 月 25 日，邵力子年高无疾善终，享年 86 岁。

---

　　① 《周恩来选集》(下卷)，人民出版社，1997 年，第 450 页。

邵力子和父亲都是早期的中共党员。陈望道是父亲的入党介绍人（他们是一师同事和朋友），陈与邵是上海"马克思主义研究会"的朋友，因此父亲和邵力子很早就是朋友。邵对父亲一直很关照，1923年介绍父亲见中山先生。在《我的经历》中多次出现："邵向我……"或"我与邵商量"等文字内容。1925年5月后又同在黄埔军校共事，来往更密切。邵力子兼任军校第四期学生政治教官。文强在《邵先生对我的深刻感召》文章中回忆：出现在讲台上的正是那位儒雅可敬的先生。政治科大队长胡公冕先生举手向这位教官先行了一个军礼，从容地介绍说："这位前来讲授'三民主义'的教官，是本部的秘书处长，是本校政治部主任，是讲授先总理遗教的政治教官，他是大大有名的邵力子先生……"语音刚落，大家报以雷鸣般的掌声表示欢迎。

邵力子是父亲的老朋友，1926年虽退出共产党，但内心是同情共产党和倾向革命的，所以他愿利用在国民党的地位保父亲出狱治病。20世纪50年代，父亲曾去他的住所拜访。

本文最后介绍父亲在解放战争时期的经历。父亲利用黄埔师生关系，做了许多秘密情报工作和策反工作，参与策动温州叶芳部队起义。

《浙南革命斗争资料》第24期，刊登了曾任浙南游击纵队副政委胡景缄同志的回忆文章：

> ……3月半，叶芳到了杭州，面见周喦，证实了张所说的情况（省政府主席周喦对叶不信任）属实。至此，叶芳已到了非另找出路不可的地步。他随即由杭州跑到上海，找到了他的同乡，原红十三军军长胡公冕，诉说自己的处境。胡公冕鼓励他要为地方做点好事，摆脱国民党，向人民靠拢。叶芳要求胡公冕帮他找到我党的关系，胡公冕答应了，并告诫叶芳要处事机密……叶芳在上海找胡公冕的同时，还派卓力文于3月下旬向张、陈试探，提出要找浙南党的关系……
>
> 4月，胡公冕将叶芳情况向上海党汇报。上海地下党派王保鎏同

志到温州，他与叶芳见面后得知叶芳已与浙南我军接上关系，即要叶芳送他到浙南地委和纵队部来。王保鎏同志到了地委机关，看到我们部队已在集中，并已通知叶芳派代表前来谈判。他赞成由我们争取叶芳起义，和平解放温州……

笔者看了父亲、叶芳和周伯苍的有关回忆，补充一些前期的情况。

叶芳，永嘉人，黄埔七期毕业。他吸取解放战争中一系列实战打击的教训，对共产党有关起义人员政策也有初步认识，处在徘徊彷徨之中。从1948年9月至1949年3月，他四次去见父亲。第一次，1948年9月，他借邱清泉派他到温州建立新兵征募处之机，去上海住到父亲家里，试探寻找政治出路。父亲鼓励他弃暗投明，说："你这么一大家人，跑是不行的，只要离开国民党起义，共产党不会难为你……"并说："你是青年将领，我们都是温州人，要为家乡人民多做好事。"叶芳随后去衢州见汤恩伯，相谈之下大受器重，汤下达手令委叶芳为浙南绥靖区少将。叶返沪时将上述情况向父亲汇报。父亲说："这个机会很好，希你返温后，切实掌握部队，扩充实力，要任用可靠得力干部，小心谨慎，要摆出一副积极反共的面孔。"父亲随后向上海地下党负责人吴克坚汇报叶的情况，决定由父亲与叶单线联系，由祁式潜进行考察。

1948年12月，汤恩伯向浙江省主席陈仪推荐、委任叶芳为温州专区行政专员兼保安司令。叶芳12月又去上海将此情况向父亲通报。委任之前，即11月间，祁式潜派周伯苍先去摸清叶在温州可掌握的武装实力。1949年1月，周伯苍再去温州，物色温籍学生多人，采取公开或间接秘密渠道，分别打入叶部领导的保安团，加强控制。另一方面派父亲信任的原红十三军烈属子弟卓力文（卓平西之子）为叶的联络员，公开的职务是保安司令部第三科科长。我们的三舅彭树棻往来温沪，以经商为名秘密联络。还有一些其他部署，促叶"白皮红心"①，积蓄力量，等待时机，响应我军渡江。

① 指表面是国民党，内心向着共产党。

1949 年 3 月，我军渡江前，陈仪策动和平解放，因汤恩伯告密而被捕。浙江省主席改由周嵒接任。叶芳也被怀疑而免职。叶即赴沪住父亲家，要求尽快起义。父亲与吴克坚、祁式潜商议、分析：周嵒之弟周琦虽接任温州专员，却是空头专员，手下无兵，实权仍掌握在叶芳手上。为了稳定叶在温州的实力地位，地下党要周伯苍做驻福建第九军军长徐志勖工作，由徐劝说在闽的第五军军长熊笑三向兵团司令建议，报请国防部，以驻温新兵征募处名义由叶芳接任 200 师师长。叶接任后抓紧进行部队调整，建立该师起义指挥机构，同时派人找浙南党的关系。在上海地下党人员未到达前已与浙南游击纵队取得联系，5 月 6 日签订起义协定，温州和平解放。

1947 年，原国民党浙南括苍区绥靖主任吴万玉在浙南大搞白色恐怖。父亲以黄埔师生关系联络永嘉籍国民党将领，营救被捕人员，斗走吴万玉，为民除害。这一情况，周伯苍同志曾写过回忆文章，已收入本书。

父亲离开我们 40 年了，他的音容仍萦回于我们的记忆中。父亲处的时代是中国人民历史上大转变的时代。在长期革命斗争中，他在党的领导下，为中国人民的解放事业，做出了宝贵的贡献。我们会永远怀念和学习他的无产阶级革命精神及崇高的品质。

悼念胡老（一）

周伯苍

满天风雪欲何之？疑似蔡州夜袭时。

自古男儿身许国，会当险阻志坚持。

    此诗是 1968 年冬，风雪之夜，正值"四害"横行之时，余过京华，也是最后一次承胡老之教，并嘱余过大连寻问长公子宣华去向，在天地为愁之际，有感而作。现于行箧中捡得，以悼念胡老对我长期教育之情。

——周伯苍谨记 1984 年 10 月

悼念胡老（二）

（1984 年 12 月）

胡国洲 ①

名闻江浙古战场，犹忆当年回故乡。

一路追随谈革命，千言壮烈话衷肠。

乡亲含泪沿途接，恶犬纵横遍地疮。

今日苍龙已就缚，奈何大哲忽云亡。

　　1964 年，我陪公冕同志回故乡——五潎村，沿途畅谈革命很受启发，回忆那些情景历历在目，书此，以志悼念。

---

① 胡国洲（1920—1996），曾任中共永嘉县委第一任书记、县长，浙江省人民法院温州分院院长，中共温州地委统战部副部长等。

怀念胡公冕同志 ①

（1988 年）

胡国洲

胡公冕同志是我的叔公。1928 年秋天，他偕同爱人彭猗兰与两个女儿一起返回五㳟时，我年仅八岁，父母亲带着我去看他们。他抚摸着我的头对我说："你叫国洲，我叫世周，音同字不同，但志向应该相同啊。"当时我不知怎么回答，只是笑笑。

我第二次见到胡公冕是在 1930 年 5 月初，我在小学读书。我记得他这次回来之后，过了几天，有一个晚上，五㳟村许多参加红军的青年，提着土枪、刀棍，跟着部队向岩头方向走去。第二天，消息传来，红军已攻进枫林镇。在枫林宣布建立了中国工农红军第十三军第一团。

过了三天，红军开回来，驻表山休整。我们情不自禁，拍手欢迎。又过了些时间，红军又开走了，这次人数更多，说是打平阳、瑞安去。队伍很齐整，可是我村的群众惶惶不安，怕队伍走了后，敌人打来，村庄难保。胡卜熊老先生献策，叫群众把东西搬光，把粮食藏起来，让屋壳给敌人烧，决不让敌人久驻在这里。群众害怕敌人知道自己姓胡，凡是有胡姓的家具，统统埋藏起来，农历四月十八清早，我兄弟三人由我大哥带队，避往我外婆家——汤店乡的九降地方，当走到石匣岭时，回见五㳟上空火焰滚滚，知是敌人来烧屋了。到了外婆家后，我们坐立不安，过了三天就回来了，

---

① 载于《永嘉党史资料通讯》，1988 年第 18 期。

见五澜是一片瓦砾，祖父遗留给我父辈的二大幢房屋和一座店屋，都已变成瓦砾场。祖母叫天哭地，再也不想活了，我们兄弟劝解无效，祖母就死在瓦砾场上。我们无家可归，到南峯亲戚家里去住了一段时间。

不久，胡公冕带领红军打平阳后回五澜，逃散的五澜父老又都回来了，我也离开南峯回五澜，红军仍驻四房祠堂（隔溪大火烧不到）。胡公冕在烧掉的大宗祠前搭了一个台，用三张方桌拼搭的，他在台上讲话，我听到最深刻的是说："要革命就不怕牺牲，烧了我们房子，烧不了我们的心，我们要继续革命，要推翻国民党的反动统治。烧了旧房，革命成功建洋房，要求全地青壮年全部参军，妇女组织妇女会，儿童组织儿童团，站岗放哨保卫家乡……"台下鸦雀无声，都认为胡公冕讲得对。五澜小学老师胡洪佐把学生组织儿童团、学校成为战时学校，平时加紧念书，敌人一进剿，即配合红军站岗放哨。我们小学生，不为敌人注意，容易混过敌人封锁线。我以后之所以走上革命道路，这是一个开头，胡公冕对我的教育与影响是很大的。

又一次见到胡公冕是在1964年4月。胡公冕为慎重起见，于1963年秋，请周伯苍等先来温，把他来温州之事征求我的意见。我对周伯苍说："来温一趟，很有必要，到温州后，一切均由我负责。"那次胡公冕从北京动身，经上海来温，温州地委指定我为代表，负责接待。我通知永嘉县委请汪瑞烈、陈瑞恩、金平阳三位老红军作陪。我们一碰面，叫了声公冕叔公之后，他第一句话就说："我你过去虽然没有谈过多话，但如经常在一起工作过似的。"我说："这是由于我们过去志愿相同，现在志愿又相同的缘故。"这一次碰面听他叙述了他革命的一生，尤其是他领导红十三军的战斗历程。我代表地委主持召开了当时地市有关搜集过党史的文化、民政、党校等单位负责人与具体写作人员三十多人的会议，地址在柴桥巷招待所，这次会议是开得很好的。听了胡公冕等当事人介绍红十三军的经历后，到会同志都认为过去某些讲法与写法是不对的，纠正了过去的偏见。嗣后1965、1966年，我两次赴北京参加全国统战会议，会后都在他家住几天，同他谈谈家乡的建设情况。他对红十三军活动过的地区，十分关心，对老区人民的生活，问长问短，他这种对老区人民的深厚感情，使我十分敬佩。

党的十一届三中全会，提出实事求是的思想路线，通过党史部门多方面的征集，进一步澄清了事实，证明他的一生是革命的，党中央追认他为中共党员，这不只是他本人的宿愿，也是我们浙南人民的愿望。他对浙南的建党、创建红十三军以及后来党的恢复与发展，都有不可磨灭的功勋。

参考资料

国民党浙江省执委会

会议记录（摘录）①

（1930 年）

四月四日

平阳县执委代电：为匪共肆扰，请迅函省府电驻温李旅调拨追剿。

永嘉、玉环、平阳、泰顺、瑞安、乐清等六县执委会电：为四团驻温有年，情形熟悉，请与省府密商，免令换防。

四月八日

天台县党部电告共匪猖獗，请转省府迅派队扑灭。

四月二十五日

永嘉县执委会代电：为一三五旅纪律败坏，该部队驻扎所在地之居民，备受奸淫需索之苦，扰民不已，适为共党利用活动之时机，以致前经剿平之楠溪匪共，近复啸聚溪山，大有卷土重来之势，情势严重，恳请设法迅将四团调回原防，以安地方。

四月二十九日

直属青田县区执委会代电：为匪势猖獗，民情惶恐，请转省府派队兜剿。

---

① 摘自解放军档案馆：《红十三军和浙南革命斗争》，解放军出版社，2014 年，第406 页。

五月二日

组织部报告：据视察员朱惠清报告，武义、永康一带，土匪猖獗，内有 CP① 主持指挥，武义共匪巢穴，现已移至距城十里之履坦镇附近，时有攻城之谣，人心至为惶急，检呈共匪油印品布告等，请察核由。

五月六日

温岭县党部电：为叛兵联合匪共，糜乱两属，请速转省政府加派重兵会剿。

永嘉县执委会电：为匪共充斥，危急万分，请速调四团回温，以资镇慑。

五月九日

中央执委会电：为据报共匪胡公冕在浙温等处指挥暴动，仰即查明胡公冕行踪具报。

永嘉县党部鱼② 电：为驻军叛变，匪共势炽，请速商省府调四团回防，以资镇慑。

五月二十三日

永嘉县执委会呈报：共匪胡公冕秘密来温运动，及纠集匪众惨劫各地情形。

五月二十七日

瑞安县党部电：为匪共势炽，桃（陶）山公安分局全体被害，城防空虚，请迅转省府添兵痛剿。

五月三十日

永嘉县执委会呈报：共犯金贯真被捕经过及共匪猖獗。

平阳县执委会径③ 电：为敬④ 日共匪逼城，经国军及县巡队击溃情形，

① CP：中国共产党。

② 即六日。

③ 即二十五日。

④ 即二十四日。

请鉴核。

六月十七日

平阳县党部及款产会、商会、总工会电：为共匪猖獗，国军他调，请派营兵迅速接防，以免不测。

玉环县党部电：为共匪势炽，进迫城池，请速派大军痛剿，以除民害。

缙云县党部及商农工会等电：为该县东南两乡共匪千余，掳人放火，县城危急，请速派大队痛剿。

温岭县执委会呈：为该邑西乡青屿地方、突来叛军百数十人，结勾共匪，宣传反动，虽有驻军捍御，以众寡不敌，难于扑灭，潜伏四处，请派军肃清。

平阳县执委会电呈：为该县自瑞平乌岭、石塘两地来共匪千余人，包围驻军，拥入县府，释放罪囚，幸国军七连将其击溃，惟后患堪虞，请函省府饬队痛剿。

瑞安县执委会代电：为呈报平阳余匪退据该县西区，与青田共匪结合，四出掠劫，匪数日增，兵力单薄，请转函省府令饬就近驻军兜剿，以免燎原。

温岭县执委会电：为告匪共猖獗情形，请转省府派兵痛剿。

乐清县执委会代电称：匪氛势炽，城防空虚，请派军堵击。

六月二十四日

永康县区执委会电：为报载该县驻军调防，匪共猖獗，合邑惶恐，请函省府免予他调。

直属青田县区执委会呈：为转呈共匪经过第二区分部分域详情，仰祈转函省府严行缉究。

六月二十七日

瑞安县执委会呈：据第三区执委会电，为陶山又来共匪索掠，请转函省政府派兵驻扎北区剿办。

永嘉县执委会呈：为呈报西楠两溪匪共猖獗，党务停顿情形，呈请备案。

七月一日

永嘉县党部代电：该邑共匪复炽，驻兵单薄，请速函省府将驻处保安队完全调温，以资防剿。

七月十八日

温岭县执委会呈：为据情转呈，为共匪猖獗，民不聊生，联名请函省政府剿匪指挥部及保安队迅派兵驻慑。

八月二十二日

瑞安县执委会呈：为本县此次共匪暴动，发难地点虽在北区，就其首要各犯，均系来自外县及别区，请注意兜剿。

宣传部报告：据瑞安县执委宣传部呈报，发现共党传单"中国国民党十大罪状""八一纪念宣言""中国红军第十三军告国民党军队的士兵书"及标语等四种，业经呈报中央，暨指令该部饬仍会同当地军政机关严密缉究。

致省执委会报平邑被匪扰乱情形
请转函派兵围剿由 ①

（1930 年 5 月 29 日）

浙江省执行委员会钧鉴：

本月二十四日早晨九时，有自瑞平两邑交界之乌岭、石塘岭两路来共匪一千余人，杂式枪械二三百支，余均手持刀枪棍棒等物，扑进县城西北二门，一部包围驻平国军连部，意图缴夺枪械，一部拥入县政府门首，将左右监所罪囚尽行释放。当时正值朝市嚣阗之际，猝闻变起仓皇，枪声陡发，民众奔避不遑，拥护呼号，声震原野，秩序因而大乱，幸国军第七连士兵即时散布城垣，居高射击，城区巡缉队员兵复从南门冲锋扫射而进。双方夹击，枪弹轰腾，自上午九时起至下午三时止，激战六小时，匪众溃窜不支，除在城共匪当场射击毙命外，余匪悉从城外奔窜而去，是役也，计毙匪二百余名，获枪七八十支，阵亡国军士兵一名、巡缉队士兵二名，伤数名，城乡民众因奔避不及，死于非命者一时尚无从计算。至县政府斯时亦被共匪扑进，以致县印被劫，无法追寻。现在县政府正召集各机关团体筹募款项，商办善后事宜。而地经此次浩劫之后，满目疮痍，迄未恢复。闻当时捕获共匪供称，系共产党魁何（胡）公冕部下，此次进攻平阳为中华红军第十三军总指挥部第一纵队，人数确有一千余名等语，查共党匪首

---

① 解放军档案馆：《红十三军和浙南革命斗争》，解放军出版社，2014 年，第 412 页。

何（胡）公冕盘踞永嘉楠溪一带，久为民患，今竟分遣徒众进扰属县，若非驻县军队协力抵御，一经攻陷，则祸患宁堪设想矣，务恳迅赐转函省政府调拨军队，将楠溪何（胡）匪巢穴分道围剿，务使犁庭扫穴，以绝匪氛而弭后患，不胜迫切盼祷之至。

平阳县执行委员会叩艳印

国民党浙江省政府保安处

行政报告（摘录）①

（1931 年）

六月

本省匪患，经过去之分头痛击，已渐告敉平，间有零星散匪，非军队之力所能歼除者。乃编练团防，以资协助，举办清乡，以期彻底肃清，惟邻省股匪，时虞窜扰。贻患所及，边陲震惊，业经拟定会剿计划，咨请苏浙皖闽诸省政府派队会剿，以靖边防。

据保安队第四团朱团长报告，据本团特务连连长杨凤集报告，本连奉钧部命令以据探报瑞安赤匪陈卓如股，六七十人，盘踞驮山一带，着特务连前往剿办等因。

七月

据第四团团长朱炳熙感电报称：据密报，匪首胡公冕潜回楠溪，并在白岩五鸫一带，聚匪开会，意图大举等情，当电令该团长从速密派干探侦缉，一面集队围剿，毋使扩大。

八月

据保安队第四团团长朱炳熙灰②电称，据报告，此次率七八连各一部进剿雷匪，于六日抵永属溪下进罗洋、上景、英山一带，与匪接触。七日

---

① 解放军档案馆：《红十三军和浙南革命斗争》，解放军出版社，2014 年，第 222 页。

② 即十日。

进仙居英山坑谷中，雷匪忽与仙匪联合，约三百人，均有枪，向我包围，经我军奋勇冲锋，将匪击溃，向仙境退去。我军死伤士兵数名，现正探踪追剿等情，除仍饬跟踪追击迅速扑灭外，恳电五团切实堵剿。又据仙居县政府真电报告，胡公冕部三百余人，入仙骚动，县长与王委员任化率队两路进剿，县长于庚日在溪口，遇匪激战，伤匪一人，获枪七支，现正推进夹击等情，即经电饬保安队第五团吴团长，仙居县陈县长，暨清乡委员王任化，率队于庚日至溪口剿办胡公冕股，并电第四团转饬孙营长切实之与联络，免生误会，以便肃清。

据保安队第四团团长朱炳熙冬电报称，胡雷两匪，潜回永属楠溪，勾结仙匪，携款诱惑愚民，人心浮动。为防范未就计，除派队于真日出发，向下溪岩山一带搜剿，并布告宣传外，乞电五团堵截，并电催总部迅赐增兵防剿等情，除仍仰饬第四团严密防剿，毋任流窜外，并电饬第五团严防协剿，再电请总部核办。

据永嘉县县长陈焕灰代电转报，逆首雷高声（升）等股，现在上景等处高山，凭险与我军顽抗，恐众寡不敌请派队协助办理等情，当经电饬保安四团增派队伍会同保卫团分途进剿，限期歼灭。

据永嘉县县长陈焕齐代电称，据第十区霞溪村长兼保卫团团正董良报称，逆首（雷）高声（升）季荣金叶百忍等率悍匪数百，于本月五日袭攻溪下，当经该村保卫团竭力抵抗，阵亡匪二名，团兵及村民亦有死伤，卒因子弹不继，致被攻陷。现该逆首等尚踞溪下，匪党愈聚愈多，势颇猖獗，本区各保卫团均已出发会剿，惟子弹极形缺乏，请迅为设法补充。一面转请第四团飞派队伍协剿等情据此，除令饬永嘉县长督饬团警严密协剿，务即歼灭外，并训令第四团团长，增派部队合同兜剿，限期将匪股歼灭，弹药亦已交本府保安处科员池潜押解赴永。

九月

九月二日，据永嘉县报告，赤匪雷高声（升）、刘飞（蜚）雄、胡振盛、季荣金、叶日（百）忍等，率领悍匪百余，洗劫北川村杨德民杨继饶等家，并枪杀杨启松一名，当经令饬保安队等四团及永嘉县饬属严剿，限期肃清。

九月六日，据保安队第五团电报，温匪雷高声（升）股，现在永仙交界之罗坪一带，乞电四团派队会剿，当经电饬该团迅予派队连（联）络第五团切实剿办。

九月十二日，据保安队第四团报据探报，雷匪高声（升）部，由乌岩坑窜至北溪，距大峃仅十余里，当经第七连会同永嘉保卫团飞驰该处，与匪接触，激战二小时，我军冲锋前进，匪势不支，向高山丛奔逃窜无踪，是役共毙匪十余名。

电请转呈中央从速枪决匪首
胡公冕以昭炯戒由 ①

（1932 年 10 月 15 日）

浙江省执行委员会钧鉴：

　　查胡匪公冕近年来啸聚匪众数千，盘踞永嘉西楠溪一带为巢穴，自称红军第十三军军长，派遣匪伙纷往温台各县，勾结当地青红帮匪，肆行骚扰，焚杀淫掠，无所不为，控案累累可稽。十九年五月间，胡匪带领所部雷高升股，约众八百余，星夜由瑞兼程到平直扑县城，经驻县国军迎头痛击，始不支溃退，当场毙匪百余名，获械七十余支。此役县城虽未陷落，而地方秩序已呈混乱，元气损伤尚未恢复，近虽稍稍安定，而此獠未除，隐忧尚在。兹幸天网恢恢，疏而不漏，万民欲得而甘心之胡公冕已在沪就擒解京。逖闻之下无任欢慰，用特历情电吁恳乞转呈中央，迅将该匪从速枪决，以昭炯戒，而快人心。临电不胜盼企之至。

中国国民党浙江省平阳县执行委员会叩咸

---

① 解放军档案馆：《红十三军和浙南革命斗争》，解放军出版社，2014 年，第 428 页。

后 记

在中国工农红军第十三军成立 90 周年之际，由中共永嘉县委党史研究室和永嘉中共党史学会共同编撰的《胡公冕纪念文集》正式出版了。这是一件值得庆贺的事情。

胡公冕同志是温州地区最早的中共党员，是列入中央军委正式序列的中国工农红军第十三军的军长。他的一生是传奇的一生，几乎亲历了整个新民主主义革命时期及以后的各项重大历史事件。他出生入死、坚持斗争，在各个历史时期为中国革命事业做出了重大贡献。2019 年，永嘉县委党史研究室和县党史学会筹划编写一本纪念胡公冕同志的书作，胡公冕同志的家属也正有此意，我们觉得编写《胡公冕纪念文集》很有意义，于是成立编辑小组，着手此项工作。

要全面深入地反映胡公冕同志精彩光辉一生是困难的，需要各级多地党史工作者坚持不懈的努力。我们主要是在县委党史部门 20 世纪 80 年代编撰的《胡公冕纪念册》的基础上，结合胡宣华、胡文华兄妹提供的资料，搜集一些已掌握的资料，再对资料进行一定的筛选、整理和核实，然后汇编成册。文集由胡公冕文稿、回忆纪念文章、档案报刊资料、传略、年表、照片等组成，编排成风雨历程、风云往事、缅怀悼念、回忆纪念、参考资料五个部分。胡公冕遗作和有关文献资料，保持原貌，未作改动，编者仅作必要的校勘和注释；文中错别字作了订正，句子补漏或加字，但不改变语意。

限于编者水平，本文集尚显简陋，权做引玉之砖，漏误和不足之处恐难避免，敬请党史界同人和广大读者批评指正。

本书编委会

2020 年 2 月 13 日